Michèle Minelli

Keiner bleibt zurück

j

Diese Publikation wurde unterstützt vom Kanton Thurgau

ISBN 978-3-7026-6002-4
1. Auflage 2025

© 2025 Verlag Jungbrunnen Wien
Verlag Jungbrunnen GmbH, Rauhensteingasse 5, 1010 Wien, Österreich
www.jungbrunnen.co.at, office@jungbrunnen.co.at
ab 12 Jahren

Umschlaggestaltung: Suse Kopp, www.susekopp.com
Alle Rechte vorbehalten – printed in Europe
Druck und Bindung: Florjančič, Maribor

Wir legen Wert auf nachhaltige Produktion unserer Bücher und arbeiten lokal und umweltverträglich: Unsere Produkte werden nach höchsten Umweltstandards gedruckt und gebunden. Wir verwenden ausschließlich schadstofffreie Druckfarben und zertifizierte Papiere.

Michèle Minelli

Keiner bleibt zurück

Jungbrunnen

Für alle, die auf der Suche sind
und für Dich

Michèle Minelli
wurde 1968 in Zürich geboren und arbeitete zuerst als Filmschaffende, später als freie Schriftstellerin. Sie schreibt Romane und Sachbücher und probiert gerne verschiedene Textformen aus. Mit vierzig absolvierte sie das Eidgenössische Diplom als Ausbildungsleiterin und unterrichtet seither regelmäßig „Kreatives Schreiben" und andere Themen in literarischen Lehrgängen.

Inhalt

BLICK ZURÜCK — 9
Finn Aicher — 10

ACHTES SCHULJAHR — 35
Tekkie Lax — 37
Elodie Faber — 52
Samuele Rossi — 62

NEUNTES SCHULJAHR — 73
Léannah Hugentobler — 74
Nico Meister — 85
Malin Fink — 93
Eelamaran Nadarajah — 109
Matus Pedersen — 121
Blerta Cara — 131
Flora Hauenstein — 142
Dennis Seebacher — 156
Liv Angerer — 166
Valdet Berisha — 179

HEUTE — 197
Finn Aicher — 198

Danke — 220

Anhang — 222

Glossar — 223

Sieh ab Seite 222 nach, wenn dir ein Wort nicht vertraut ist.

Schreib-Insel: Flash Fiction

Immer schwerer wurde sie, immer dunkler, felsenschwarz pochte sie, bis es für ihn nichts mehr anderes gab als diese Faust, die aus seinem Sack rauswollte.

Finn Aicher

Schreib-Insel: Flash Fiction

Die Eltern, die Tanten, die Onkel, die Trainer sprachen Worte zu ihm, Worte über Taten, die er nie tun würde und nannten ihn einen Helden, der er nie sein würde, und während sie Worte und Taten und künftige Heldentaten besprachen, drehte er seine Runden auf dem Eisplaneten, bis dessen Achse kippte und er über den Ereignishorizont
f
i
e
l
.
.
.

Matus Pedersen

BLICK ZURÜCK

Finn Aicher

Damals hatten wir alle Angst. Angst zu versagen, Angst, das Gesicht zu verlieren, Angst, den Ansprüchen unserer Eltern nicht zu genügen, Angst vor schlechten Noten, Angst, unsere Träume zu verraten, Angst, unsere Freunde zu verlieren, Angst, viel zu schnell erwachsen zu werden und es doch nicht zu sein. Angst, ewig Kind zu bleiben. Angst vor der Berufswahl und vor all dem, was sie mit sich bringt. Angst. Angst Angst Angst Angst. Wir waren in der Sekundarstufe und diese Angst war mit uns, überall. Auf dem Pausenplatz, im Klassenraum, zu Hause und ganz besonders auf dem Weg morgens in die Schule. Sie begleitete uns an jedem Tag und schaute nachts vorbei in unseren Träumen.

Es hatte bereits Ende der sechsten Klasse angefangen, bei dieser ersten Teilung von Spreu und Weizen. Zwei meiner Kumpels gingen ab aufs Gymnasium und ich musste mich neu ohne sie zurechtfinden. Ehrlich, ich war komplett verloren. Sie hatten mich abgehängt, und in mir bildete sich eine Faust. Eine Faust, die stetig wuchs, ausholen wollte. Ich war ein Jahr älter als die meisten, weil ich als Kind die dritte Unterstufe hatte wiederholen müssen, aber das bedeutete nichts. Kurz darauf sind wir umgezogen, von einem Kanton in den anderen oder besser: von einem Schulsystem ins andere – und das überlebt keiner unbeschadet.

Na ja. Die ganze Wahrheit ist, dass ich ein Schisser war. Selbst vor dem Schulweg war mir bang, wir waren ja von der Stadt aufs Land gezogen, in dieses Kaff im Grünen. Ich kam mir so ausgesetzt vor, diese zwei Kilometer auf dem Rad von meinem neuen Zuhause bis zum Schulareal. Neben mir nichts als Wiesen und Felder. Kein anderes Schulkind, das an der Häuserecke auf mich wartete. Überhaupt: keine Häuser und Gassen und Straßen. Nur ich und der Wind sirrend in den Speichen meines Fahrrads.

Ich verstand die Codes nicht. Die Art, wie die Kinder hier miteinander sprachen. Alles war so anders als in der Stadt, wo ich mein Revier kannte. Wusste, wer meine Freunde waren und wer nicht.

Seither sind wir noch einmal umgezogen, aber im selben Ort, von der Wohnung ins Haus, unser Garten angrenzend an Nicos Hof, sozialer Aufstieg. Als meine kleine Schwester zur Welt kam und wir mehr Platz brauchten. Als Papa endlich befördert wurde. Da war ich aber schon eingewöhnt. Hatte meine neuen Freunde. Fand mich zurecht, ganz gut sogar. Ich genoss hier Freiheiten, die ich in der Stadt nie gehabt hätte. Da war man ja dauernd unter Beobachtung von irgendeinem Nachbarn. Hier nicht. Ich hatte meine Kumpels, die ich mochte, kannte die Regeln, alles passte, alles war gut.

Nie hätte ich gedacht, dass ich doch noch einmal in eine solche Schissersituation kommen würde, ausgerechnet in der Oberstufe, wo man zu den Großen gehört.

Nie hätte ich an das gedacht, was danach kam.

Aber das erzähle ich an anderer Stelle.

Dafür brauche ich Zeit.

Klar, wir alle hatten unsere Probleme. Die Pickel im Gesicht. Zu wenig oder zu starkes Haarwachstum. Haare an der falschen Körperstelle. Die Frage nach Nass- oder Trockenrasur. Die Frage nach der korrekten Frisur.

Unsere kleinen und großen Nöte, unsere ureigenen Katastrophen. Und dann: unsere Sackgassen in der Oberstufe. Der Erste, dem der Boden unter den Füßen knackte, war noch nicht einmal ich. Der Erste, der einbrach und versank, war

Tekkie. Wir schauten ihm zu und hofften, dass die Hand des Schicksals bei ihm Halt machen, dass sie uns nicht erreichen würde, nie.
Ha. Wir alle sollten noch von ihr gepackt werden. Und wie. Dabei war der Start verheißungsvoll.

Zu Beginn der siebten Klasse, ohne meine ehemaligen Kumpels, hatte ich mir vorgenommen, es Schritt für Schritt anzugehen. Ich konnte ja nicht wissen, wie nötig diese Einstellung einst sein würde. Vielleicht sogar lebensrettend. Aber dazu, wie gesagt, später.
Ein paar meiner neuen Klassenkameraden kannte ich schon, ein paar waren noch fremd für mich. Die kannte ich höchstens vom Sehen. Liv kannte ich, aber wer kannte die nicht mit ihrem imaginierten Freund. Flora, Elodie und Blerta kamen aus meiner vormaligen Parallelklasse, die hatte ich also zumindest schon auf dem Pausenhof erlebt, früher. Mit Matus und Samuele hatte ich in der Mittelstufe Eishockey gespielt. Eelamaran war neu für mich. Und Robert – die arme Sau. Welche Eltern tauften ihren Sohn schon Robert? Robert der Dritte noch dazu. Nachdem sein Großvater und sein Vater so hießen, musste er natürlich auch. Seine Freunde nannten ihn Tekkie, das tat ich dann auch, und ich glaube, er hat mich dankend angelächelt, obwohl wir noch kaum ein Wort miteinander gesprochen hatten, privat.
Ich kam neben Nico zu sitzen, dem Sohn unseres Nachbarn. Lässig platzierten wir unsere Sachen an einem Sechsertisch. Unser Klassenlehrer der Oberstufe, Herr Berisha, hatte unser Zimmer so eingerichtet, dass sich die Klasse auf vier Sechsertische aufteilte. Zudem gab's eine Bücherbar, ein halbhohes Regal, das den Raum in zwei Teile gliederte. Neben der Bücherbar lockte eine Ecke mit bunten Sitzsäcken, einem Wasserspender und einer stets vollen Früchteschale.

Mit Früchten hatte der Berisha einen Tick. Der war so ein Gesundheitsapostel. An apple a day keeps the doctor away. Bei ihm hatten wir Deutsch, Englisch, Geschichte, Geografie, Werken und Sport. Damit konnte er uns mit jedem Fach beweisen, wie wichtig ein gesundes Leben war. Matus hing an seinen Lippen, für den war damals klar, dass er Profisportler werden wollte und Berishas Ausführungen über einen gesunden Lebensstil gelangten allesamt in Matus' persönliche Bibel. Wir waren ein Haufen zusammengewürfelter Jungs und Mädchen, Malin zweifelsfrei die Reifste von allen und Léannah, die ebenfalls an unserem Sechsertisch saß, die Stillste. Ich versuchte mich möglichst unauffällig einzufügen. Ich wollte nicht jetzt schon als der Schisser auffallen, und gleichzeitig hatte ich die Hoffnung, in diesen drei Jahren Oberstufe zu dem Menschen zu werden, den ich in mir spürte.
Da war so eine fiebrige Aufbruchstimmung, ich glaube, nicht nur in mir.
Mein Auftreten in dieser neuen Umgebung blieb, wie gesagt, still, möglichst höflich und, so gut es ging, unauffällig. Bis zu dem Tag, an dem mich Berisha zusammen mit Malin zur Klassenleitung ernannte. Aber nicht etwa im Klassenzimmer. Nein.
Im Sumpf.

*

Und das ging so:
Es war noch im ersten Monat, vielleicht in der dritten oder in der vierten Woche der siebten Klasse, als uns Berisha auftrug, für die Eltern einen Brief mitzunehmen. Wir hätten uns alle am Donnerstag um acht Uhr abends am Eingang des Auenwalds einzufinden. **Gutes Schuhwerk und Kleidung, die schmutzig werden darf**, stand fett gedruckt auf dem Zettel, den ich meinen Eltern unter die Nase hielt.

„Was hat der denn vor?", fragte mich mein Vater.

„Keine Ahnung", sagte ich. „Aber am Freitag müssen wir erst um neun zur Schule. Vermute, es wird dann etwas später am Donnerstag."

„Ach so. Freiluftsport? Wenn er den Freitagmorgensport ausfallen lässt?", mutmaßte meine Mutter. Mein Vater verdrehte die Augen, für Experimente hatte er noch nie etwas übriggehabt. Meine Mutter war kurz davor, ihn anzupfeifen, aber sie wurde abgelenkt durch meine kleine Schwester Emilia, die grad voll in der analen Phase steckte. Emilia streckte uns ihre Finger entgegen. Die ließen leider keinen Zweifel.

„Nicht schon wieder!", rief meine Mutter und packte meine Schwester am Handgelenk. Ich sah zu, wie sie sie ins Badezimmer zerrte. Ich wollte gar nicht wissen, was Emilia diesmal mit ihrem Töpfchen angestellt hatte, und ging auf mein Zimmer.

Dass meine Mutter elf Jahre nach mir noch einmal ein Kind zur Welt gebracht hatte, war nicht mein Problem. Das wenigstens versuchte ich meinen Eltern immer wieder klarzumachen, wenn ihre Blicke bettelnd auf mich fielen, weil sie wieder mal zu spät dran waren, den Babysitter zu organisieren, und sie dringend irgendwohin wollten, in die Paartherapie oder ins Yoga oder in den Schützenverein.

Was ich ihnen nicht sagte, war, dass Emilia für mich auch so etwas wie Heimat bedeutete in diesen ersten Wochen der siebten Klasse. Wenn ich über Mittag nach Hause kam und sie im Vorgarten sah, wie sie kopfüber an der untersten Sprosse des Klettergerüsts hing und mir die Zunge herausstreckte, wurde mir warm ums Herz und ich wusste, dass alles gut werden würde. Irgendwie gab mir dieses Bild Sicherheit in dieser Zeit der Gewöhnung an die neue Klasse, an Berisha, seine Regeln. Emilia zeigte mir, dass man die Dinge so oder so betrachten konnte.

Was für mich die Faust im Sack war, war für Emilia ihre Zunge.

Wir waren also die siebte Klasse, die Jüngsten im Oberstufenschulhaus; das Sagen hatten die in der achten. Die in der neunten waren vollauf mit sich selbst beschäftigt und verschwendeten keine Blicke an uns Jüngere.
Nichtsahnend gingen wir an diesem Donnerstagabend im Spätsommer zum Auenwald, ich sah Matus und Samuele schon von Weitem, wie sie mit langen Ästen ihre Eishockeyerfolge nachspielten. Im Näherkommen hörte ich, wie Samuele sagte: „... und dann haben wir die sieben zu eins in den Orkus geschickt!"
„Orkus?", fragte Matus, dieser Zwerg.
„In die Hölle! Die haben sich so was von geschämt."
Neben uns bremste ein Rad und kam Staub stiebend zu stehen. „Hallo."
„Hei."
„Hei."
„Wie geht's, wie steht's?", fragte Eelamaran, der mit einer pantomimischen Geste andeutete, einen Hut zu lüpfen. Ich weiß noch, ich dachte, ich sei voll in die Deppenklasse gelangt, denn die anderen zogen unisono Grimassen und schoben Eelamaran lachend weg und er quiekte und kam einfach zu uns zurück.
Dennis sah kurz herüber, sein Blick suchte etwas oder jemanden, und dann starrte er zu Elodie, die vor einer Gruppe Mädchen posierte und irgendetwas mit ihren langen Haaren machte. Elodie hätte den ersten Preis für die längsten und rötesten Haare gewonnen, schweizweit. Europaweit. Weltweit. Ihre Haare waren universal.
Als unser Lehrer, Herr Berisha, eintraf, standen wir alle in Grüppchen zusammen, fast so, wie wir bei ihm im Zimmer an

unseren Tischen saßen. Nur die scheue Léannah hatte sich in Kleinstschritten den Top Five angenähert, der Mädchengang, die von Blerta angeführt wurde. Es war niederschmetternd zu beobachten, wie sie das versuchte. Blerta erübrigte nicht einen Blick für Léannah. Flora lächelte ihr wenigstens hin und wieder zu. Was dort drüben bei den Mädchen ablief, war für uns Jungs faszinierend. Die hatten so viele Codes mehr drauf als wir!

Immerhin das hatten wir begriffen: Wir Jungs standen den Mädchen in der Entwicklung um einiges nach. Während wir oft noch blödelten, saßen die Top-Five-Mädchen mit gerecktem Hals und interessiertem Blick da und in ihren Köpfen spielte sich irgendein Prozess von Aufnehmen und Verwerten ab, von dem wir meilenweit entfernt waren, den wir aber äußerst sehenswert fanden.

Auch was in Livs Kopf vorging, wussten wir nicht, das wusste niemand. Die lebte wohl seit jeher in ihrer eigenen Welt.

Und so war's auch jetzt. Mit einem sanften Antippen ihrer Schulter holte unser Lehrer Liv zurück. Zu uns und in diesen lauen Sommerabend auf der Auenwiese. Berisha bat darum, uns in einem großen Kreis aufzustellen und er gab so lange keine Ruhe, bis auch wirklich jede und jeder einen guten Platz gefunden hatte und ihm zuhören konnte. In meinen Locken verfing sich irgendein Insekt. Ich wischte es mit einem Fluch aus meinem Haar. Samuele simulierte, es sei nun in seinen Haaren und Matus stieß Samuele mit seinem Ast am Bein an. Berisha tat das, was er immer tat in solchen Situationen. In Situationen, in denen er unsere ganze Aufmerksamkeit wollte: Er pfiff. Sein Pfiff, scharf durch die Zähne, hatte uns vor wenigen Wochen noch eine Heidenangst eingejagt. Aber er war halt auch Sporttrainer, und es ist ein Gesetz im Sport, dass ein Pfiff genügen muss.

Dennis maulte provokativ, er sei kein Hund. Eelamaran ver-

suchte es ins Komische zu ziehen, indem er winselte. Ich sah, wie ein paar der Mädchen Dennis beobachteten, sich etwas zuflüsterten und kicherten. Verstohlen ließ Dennis seine Hand über das hohe Rispengras fahren. Eines der Mädchen nannte ihn einen „Hübschen" und Dennis sagte: „Klappe!" Berishas Blick streifte ihn nur. Ich war schon damals größer als die anderen und grinste von oben herab. Insgeheim aber schaute ich mir Berishas Methoden ab, ich wollte von ihm lernen, wie man so sicher werden konnte. Wie man so fest verankert stehen konnte in der Welt. Wie man auch ohne hämisches Grinsen bestand. Berisha selbst war ja nicht besonders groß oder eindrücklich. Seine Statur war eher gedrungen. Aber er war präsent. Und das verlieh ihm die Ausstrahlung eines Falken. Ihm entging nichts, und was ihm wichtig war, das setzte er auch durch. Manchmal, schien mir, allein kraft seines Willens.
Ich beobachtete ihn scharf.
Er erläuterte gerade: „... Und so ist dieser Teil des Auenwaldes wiederhergestellt worden. Man nennt das Renaturierung. Auch die Biber sind wieder zurück, wie diese Spuren dort beweisen."
Sein ausgetreckter Arm wies in eine Richtung, in der ein Baumstamm lag. Und jetzt sah ich es: Angenagt von allen Seiten, hatte dort ein Baum seinen Halt verloren und war gefallen. Das Bild sprang mich an. Ich wusste gar nicht, dass Biber auch Bäume fällen, die nicht direkt am Wasser sind. Ich wusste nicht, dass etwas so Großes und Verankertes wie ein Baum so leicht zu Fall gebracht werden konnte. Rasch schaute ich weg.
Aus dem Auenwald drangen Geräusche zu uns herüber. Ein Knacken, hin und wieder das aufdringlich helle Summen von Mücken, abendlicher Vogelgesang. Die Luft roch nach sattem Sommer und, wenn nicht der sanfte Abendwind sich noch

einmal erhob, auch nach etwas Altem, Brackigem. Eine Libelle glitzerte im Licht.

„Erzähl keinen Scheiß!", hörte ich Flora zischen, als Berisha seinen Finger in die Luft reckte.

„Was ist? Was war?", flüsterte mir Nico zu und Elodie flüsterte zurück: „Samuele labert was von Geistern." Ich schaute, sah aber sonst nichts über Gebühr Beunruhigendes. Berishas Falkenblick blieb auf Samuele liegen, als er sagte: „Und da gehen wir jetzt rein. Alle."

„Sollen wir uns etwa die Hände geben, wie im Kindergarten?", kommentierte Dennis und grinste dabei. Eines der Mädchen sagte, Dennis würde sie ja gern die Hand versprechen, ich sah aber nicht, wer es war. Auf Dennis schienen sie zu fliegen. Sein Aussehen war ein Magnet für die.

„Später vielleicht", sagte Berisha, und damit schritt unser Lehrer voran.

Das Unterholz knackte unter meinen Füßen. Hier und da versuchte ich einer Pflanze auszuweichen, deren wollige Blütenstände ich nicht an meinen Hosen haften haben wollte. Überhaupt: Ich mag keine Insekten und keine klebrigen Pflanzen und damit auch keine Orte, an denen sie leben. Eine meiner größten Ängste ist, dass sich das Klima der Erde so weit erhitzt, dass allerlei Mücken und Käfer und Spinnen in unsere Breitengrade wandern und es sich bei uns gemütlich machen ... Das sagt was über mich aus, nicht?

In so einer Welt würde ich nicht leben wollen.

Nicht einen Tag.

Also hob ich vorsichtig meine Füße und setzte sie noch vorsichtiger ab.

Der Untergrund veränderte sich und wurde, noch als Malin Berisha fragte, ob wir hier überhaupt reindurften, zu einer federnden, moorartigen, mit Moos bewachsenen Fläche. Berisha erklärte uns, wir beträten Feuchtgebiet. Ein Bach, der über die Ufer ging, der frei durch die Auen mäanderte, hier staute, dort eine Insel bildete: Wir gingen weiter. Kaum jemand sprach. Bei einer Art Lichtung mussten wir uns erneut in einem Kreis um Berisha aufstellen, diesmal etwas enger, weil das Buschwerk an uns drang und der Platz sonst nicht reichte, und Berisha zeigte auf einer Karte aus Papier, wo wir uns befanden. Das Naturschutzgebiet war in unmittelbarer Nähe, hier aber, wo wir uns vorarbeiteten, war Menschen der Aufenthalt erlaubt.

„Außer in der Brutzeit der Ufervögel, aber die ist jetzt vorbei. Wer weiß, welche seltenen Vögel hier nisten?"

„Amseln?", bot Flora an. Blerta lachte sie aus, Flora boxte Blerta in die Schulter, aber Berishas Pfiff zeigte sofort Wirkung. Ich sagte lieber nichts und hörte einfach zu, wie er vom Eisvogel berichtete, vom Pirol und einem Vogel, der sich Flussregenpfeifer nennt, wenn ich es richtig verstanden habe. Dann ging er über zum Hermelin, einem Kleinsäuger, der gern Jagd auf ebendiese Vögel und ihre Nestlinge machte.

Mir wäre lieber gewesen, das Hermelin hätte Mücken gejagt. Mit einem lauten Klatsch schlug ich mir gegen den Hals.

„Tschuldigung", sagte ich, an niemand Speziellen gerichtet, und streifte das Blut an meiner Hose ab. Manchmal ist es schwierig, der Größte zu sein. Man darf seine Ängste nicht allzu offensichtlich ausleben. Aber ich war nicht der Einzige, der sich fragte, was wir hier sollten. Das spürte ich.

Als es weiterging und wir alle hinter Berisha hertrotteten, immer tiefer hinein in die Gerüche von Wald und stehendem Gewässer, Baumleichen, quer liegendem Totholz und blubbernden Froschgründen, gesellte sich zu meiner Unruhe irgendwann eine seltsame Gelassenheit. Was war schon dabei? Ich brauchte nur einen Fuß vor den anderen zu setzen und mit einem Ohr hinzuhören, was Berisha über das Gelände, seine Entstehung, seinen Wert zu sagen hatte.

„Aber deswegen sind wir nicht hier." Er sah uns auf eine Weise an, die uns zu verstehen gab, dass er etwas im Sinn hatte mit uns.

Mittlerweile waren wir nicht mehr allzu bereit, unseren Unwillen zu verbergen. Misslaunig starrte ich auf meine Schuhe im Schmutz. Ich hatte keine Lust, wie die Mädchen interessiert auf seine Karte zu schauen und tat nur so, als Berisha sich im Kreisinnern um die eigene Achse drehte. Die Sonne stand schon recht tief hinter den Bäumen, und das Licht hatte sich verändert. Den Bach hörten wir nur noch aus der Ferne. Da packte Berisha tatsächlich kleine metallene Taschenlampen aus, Stablampen und Stirnlampen. Er reichte jedem von uns eine. „Haltet die in euren Taschen griffbereit." Dann zählte er uns noch einmal durch, alle vierundzwanzig. Wir waren da, jede und jeder von uns, und endlich rückte er damit heraus, der Berisha. Er sagte: „Was wir jetzt machen, ist eine Übung, die nennt sich: Keiner bleibt zurück."

Unheilvoll sahen wir einander an. Wechselten das Standbein, murmelten in unsere Kragen hinein. Ein paar kicherten, aber Blerta sagte laut: „Psst!", und die Mädchen, die um sie herumstanden, verstummten folgsam. Zu sich sagte Blerta: „Das packen wir, haltet euch nur an Frau Cara", es klang wie ein Scherz, denn sie heißt Blerta Cara.

Ich weiß noch, dass ich irgendeinen Ärger über Matus mit mir herumtrug, ich weiß nicht mehr, weshalb, aber als er ausrutschte, den Halt verlor und sich an meiner Hüfte abstützte, blaffte ich ihn an. Überhaupt nicht so, wie wir unseren Lehrer bislang kennengelernt hatten, blieb er dieses Mal ruhig. Er nahm uns einfach alle, mich zuerst, der Reihe nach in Augenschein und wartete, bis wir uns gefasst hatten und zum Bersten gespannt dastanden.

„Keine und keiner bleibt zurück", wiederholte er und behielt uns im Auge, „oder mit anderen Worten: Du, du, du, du ...", dabei legte er ein weiteres Mal seinen Blick auf jeden einzeln, „... du, du, du, du ...", bis er auch diese Runde fast durchhatte und bei mir zum Schluss kam: „... und du, ihr alle kommt mit – und zwar trockenen Fußes – auf die andere Seite."
Dann schob Berisha die über uns hängenden Äste einer Trauerweide wie einen Vorhang auf – ich dachte noch: niemals! – und ging voraus. Nach wenigen Schritten sahen wir, was er meinte: Wir standen vor einem Natursee, einem Tümpel, einem fächerförmigen Teich, über den einzelne Baumstrünke liefen. War das sein Ernst? Die Baumstrünke ragten in unterschiedlichen Abständen aus dem morastigen Untergrund, das war alles andere als ein sicherer Übergang.
Das war vielleicht unser aller Untergang?
„Wir werden heute Abend gemeinsam", sagte Berisha mit einer weit ausgreifenden Geste zur opaken Fläche, die dumpf unter einem erwachenden Sternenhimmel ruhte, „diesen Wandersee überqueren. Niemand bleibt zurück, das ist oberstes Gebot."
„Wandersee?", fragte jemand.
„Das Wasser hier verläuft Jahr für Jahr anders. Es sucht sich seinen Weg laufend neu."
„Ich gehe zuerst, dann hab ich's hinter mir und kann nach Hause futtern gehen!", rief Eelamaran halb im Scherz.
„Ihr geht alle gemeinsam", sagte Berisha ruhig.
„Was?"
„Wie soll das funktionieren?"
„Aber warum dürfen wir nicht –"
„Hä?"
Er ließ das Durcheinander gar nicht erst aufkommen, er sagte: „Indem ihr euch gegenseitig haltet."
War der verrückt? Knall in der Birne? Apfelmus?

„Dreizehn", konstatierte Blerta, „es sind dreizehn Baumstrünke für vierundzwanzig Menschen, das sind achtundvierzig Beine, Füße, die irgendwo Halt –"

„Es sind sogar fünfzig Füße. Ich komme nämlich auch mit", sagte Berisha.

Wie breit so ein Strunk sei, wollte jemand wissen, wie tief der See, wie weit die Strecke. Aber die eigentliche Frage, ob unser Lehrer noch alle Tassen im Schrank hatte, stellte niemand.

Da tat Berisha etwas, mit dem keiner von uns gerechnet hatte: Er setzte sich hin. In aller Seelenruhe packte er seinen Rucksack aus, verteilte Energieriegel, ließ Wasserflaschen herumgehen und wies uns an, unsere Schnürsenkel festzuziehen. Wer jetzt noch musste, sollte sich in die Büsche schlagen und aufs Freiluftklo.

So ein bisschen kam in der klammen Stimmung nun doch auch die Abenteuerlust auf. Einzelne verdrückten ihren Energieriegel mit verschwörerischem Gehabe, andere nahmen einen Schluck Wasser, als sei es Zaubertrank. Zwei von uns verschwanden im Unterholz.

Ich weiß noch, ich saß da auf meinem Hintern, Hosenbeine runtergekrempelt, Socken über den Hosensaum wegen der Stechmückenattacken, und dachte mir: Was, wenn wir es schaffen?

Hatte das vor uns schon einmal eine Klasse geschafft? Mit allen fünfzig Füßen?

Wenn wir das schafften, wären wir King auf dem Hafenring.

„Niemand wird nass." Das sagte Berisha so einfach dahin. Ich merkte, wie ich einmal tief Luft holen musste; und damit war ich nicht allein.

Von der Wiese weiter östlich hörten wir die letzten Feldgrillen zirpen. Unterlegt mit den Geräuschen, die wir selbst machten beim Kontrollieren unserer Schuhe, beim Festdrücken von

Klettbändern, beim Hochziehen von Rucksackreißverschlüssen, beim Ein- und Ausschalten von Taschenlampen, klang das ganz schön heldenhaft. Die perfekte akustische Kulisse für ein Nacht-und-Nebel-Abenteuer.
Zwei der Mädchen machten ein Theater wegen ihrer Frisuren, als sie ihre Stirnlampen überzogen, aber am lautesten jammerte Eelamaran – in unserer Klasse hatte von den Jungs nur er einen größeren Haartick als ich, er hatte sich so viel Gel reingeschmiert, dass er seine Stirnlampe gegen eine Stablampe tauschen wollte. Nico sagte zu ihm: „Was nützt uns deine Frisur – im Moor?"
Entschlossen, es richtig zu machen, und doch voller Drang, nur rasch wieder nach Hause zu gelangen, zwischen diesen beiden Gefühlsextremen hin- und hergerissen, standen wir da. Den Anblick vergesse ich nie: Wie wir die Arme hängen ließen, den Kopf auch, wie wir einander nicht anzuschauen wagten, weil jede und jeder sich vor dem fürchtete, was sie oder er in den Augen des Gegenübers hätte lesen können: Furcht, Misstrauen, Genervtheit, Widerstand, Unglaube, Duldung; Gefühle, die einen einsam machen und die ganz bestimmt nicht dazu da sind, gemeinsam eine höchst gefährliche Unternehmung zu starten. Wie wir uns schließlich doch anschauten. Ich musste Atem schöpfen. Wo war ich hier bloß hineingeraten? In der Stadt wäre so etwas bestimmt verboten. Nur die stolze Blerta stand aufrecht wie eine Kerze und in ihrem Blick flackerte überlegene Freude.
Ein Abenteuer nannte es Berisha wie als Antwort auf meine stumme Frage, bevor er noch etwas über Solidarität und wichtige menschliche Werte faselte; ich hörte schon nicht mehr zu. Obwohl die meisten Insekten es sich an ihrem ureigenen Schlafplatz gemütlich machten und mich nur noch selten welche belästigten, rechnete ich mir aus, was bei diesem Abenteuer alles Schlimmes passieren könnte. Welche

Viecher in diesem Tümpel lauern könnten und auf wie viele Arten ich hier verloren gehen könnte. Livs glänzende Augen spiegelten meine eigene Furcht wider.

Dann hielt uns Berisha an, die Lampen gut auszurichten, vor allem die sechs von uns, die sich als Erste auf das – morsche? verrottete? instabile? – Holz über dem Wandersee wagten.

Erst jetzt, wie als Zusatzerschwernis, und um unseren Traum einer einfachen Lösung zu zerschlagen, sagte Berisha, es müsse einen Zeitpunkt geben, an dem alle vierundzwanzig Schülerinnen und Schüler und er selbst gleichzeitig auf den Pflöcken stünden. Nur dann sei die Aufgabe korrekt ausgeführt, nur so seien Solidarität und Zusammenhalt bewiesen.

War unser Lehrer ein Sadist?

Aber noch bevor ich diesen Gedanken weiterverfolgen konnte, schoben mich Berishas Hände an den Schultern zur ersten Gruppe – der Klassenleitung, wie er sie nannte, die da bestand aus den drei Mädchen Malin, Blerta, Liv und aus uns drei Jungs: Eelamaran, Tekkie und mir.

„Viel Glück. Ihr schafft das", sagte unser Lehrer, und dann sah ich, wie Malin sich die Lippen leckte und beherzt einen ersten Schritt in die Nähe des Ufers tat.

Die Nacht war noch ein Baby und es machte mir Mut, das zu denken. Eine Nacht wie ein Baby. Was kann mir da schon Schlimmes geschehen, haben wir nicht Welpenschutz?

Malin rief mich zu sich. „Was meinst du, wenn wir uns alle erstmal ganz vorsichtig vorarbeiten, immer einer von uns pro Strunk, und dann dem anderen sagen, wie's ist und wie man vorzugehen hat?"

„Ja, aber irgendwann wird das nicht mehr reichen, dann werden wir zu viele sein", sagte Tekkie.

„Wart mal, wie viel ist dreizehn durch fünfundzwanzig?"

„Das musst du umgekehrt rechnen, Eelamaran", sagte Blerta. „Nämlich fünfundzwanzig durch dreizehn."

Eelamaran lachte über seinen eigenen Scherz.
„Sechsundzwanzig", flüsterte Liv. Ich wandte mich um und sah in ihre Richtung. Bei Liv war alles plus eins. Man konnte nur hoffen, dass das die anderen nicht gehört hatten. Berisha. Mussten ja nicht gleich alle mitbekommen, dass in unserer Klasse eine einen Knall hatte, auch er nicht. Blerta schaute zu ihm hinüber.
Seelenruhig kaute der auf seinem Kaugummi herum.
„Also ich finde Malins Vorschlag gut", begann Tekkie, da rief einer aus dem Rest der Klasse: „Wird's bald mit euch, oder sollen wir bis morgen hier herumsumpfen? Meine Stiefel matschen schon." Ich glaube, das war Nico. Ich drehte mich aber nicht um, denn irgendetwas hatte in mir die Führung übernommen, vielleicht, weil ich während dieser ersten Wochen Berisha so intensiv beobachtet hatte. Entschlossenheit mimend, trat ich einen Schritt näher an Malin heran und reichte ihr meine Hand.
Vorsichtig stieg sie auf den vordersten Baumstrunk.
Sie musste für diesen ersten Schritt die Beine ziemlich weit spreizen, aber es klappte auf Anhieb.
„Kommt", sagte sie einfach, „wir machen das jetzt, wie ich gesagt habe." Und zu den anderen, den Zurückbleibenden, rief sie laut: „Der erste Strunk hält."

Wir arbeiteten uns vor. Langsam. Behutsam. Aufmerksam beobachtend, und ich mit Muffensausen, wer weiß, was für Viecher in diesem dunklen Untergrund nach mir geschnappt hätten, wäre ich reingeplumpst, ganz abgesehen vom Spott, den ich auf mich gezogen hätte, nein danke. Meine Locken klebten mir im Gesicht, meine feuchten Hände rieb ich mir an der Hose trocken.
„Zweiter Strunk: wackelt ein bisschen nach rechts", klang es von Malin eher unsicher.

Ich weiß noch, ich dachte: Ein unterspülter Baumstrunk – würde dereinst eine Polizeieinheit vierundzwanzig Moorleichen bergen, ledrige Tote zwischen abgestorbenen Bäumen, durch das Wasser blank poliert? Dennoch sprang ich ihr nach. Der dritte und der vierte Baumstrunk waren unauffällig und breit genug, sodass gut drei von uns darauf Platz hatten. Probehalber kam Blerta zu mir auf den dritten, und auch für Tekkie hätte es noch gereicht, aber ich zog es vor, einen Schritt nach vorn zu machen, wo Malin soeben die Nummer vier freigegeben hatte.

Vom Ufer her spornten uns die anderen an. Lachend, in die Hände klatschend, anfeuernd. Aber das war nur Schiss, die Art Lachen kannte ich. Ich vermied es möglichst, zu den Zurückbleibenden zu schauen. Die hatten alle noch festen Boden unter den Füßen, kein waberndes Braun neben sich. „Iiih! Eine Hand!", schrie Eelamaran, und ich fiel fast ins Nichts. Blerta lachte trocken.

„Mensch, lass den Scheiß", schimpfte Tekkie mit Eelamaran. Dann plötzlich: nichts mehr. Täuschte ich mich, oder lag jetzt über dem gesamten Wandersee eine lauernde Stille?

Kein Vogellaut mehr, kein Knacken. Nichts. Ich konzentrierte mich. Vor mir setzte Malin zu einem Sprung an. „Willst du meine Hand halten?", bot ich ihr an. Aber vielleicht mehr, weil ich nicht allein gelassen werden wollte. Sie überlegte und maß die Distanz noch einmal mit ihren Blicken. „Ich habe Angst, dass du mich zurückhältst", sagte sie.

Das tat mir weh, aber ich sagte: „Wart noch." Und zu den anderen: „Könnt ihr bitte mal alle nach vorne leuchten? Damit Malin etwas sehen kann?" Unruhiges Gemurmel kam nur von Liv und Eelamaran, die als Letzte unserer Gruppe noch am Ufer standen. Sie hatten den ersten Schritt noch vor sich und fragten sich vielleicht, wer ihnen leuchten würde.

Der Strahl einer jeden Lampe fuhr unsicher und wackelig

über das dunkle Nass neben und vor uns und klammerte sich an Strunk Nummer fünf fest. Mir schien ein Sprung ziemlich wagemutig.

Malin sprang. Ich hielt den Atem an.

Sie gelangte bei Strunk Nummer fünf an und ihre Arme fuhren wie Rotoren aus auf der Suche nach Balance. Malin – eine torkelnde Libelle.

Dann kam ihre Stimme, zusammen mit ihrem Blick über die Schulter zurück: „Nummer fünf wackelt im Kreis."

„Stehst du gut?", fragte ich zu ihr hinüber.

„Alles gut. Ist sogar breit genug für zwei oder drei. Komm!" Und schon streckte sie die Hand nach mir aus. „Ich werde dich halten." Die anderen leuchteten vom Ufer aus.

Ich sprang in den gelben Strahl.

Und: Oh Wunder! Ich fand Halt. Ich spürte, wie sich etwas in mir veränderte. Ich begann mich mutig zu fühlen, aber auch etwas benommen, so als sei mein Mut ein alkoholisches Getränk, von dem ich nicht zu viel zu mir nehmen durfte.

Plötzlich stach mir der Geruch in die Nase. Die Krautschicht, von der Berisha geredet hatte, oder dann eben doch das Moor, die Leichen ..., glitzerte da nicht eine bleiche Hand im Wasser? Meine Schultern sackten hinunter. Schisser bleibt Schisser.

Als ich da so unentschieden auf Strunk fünf neben Malin stand, rückten nach mir Blerta und Tekkie auf und Liv und Eelamaran standen endlich auch beide auf ihren Sockeln.

„Jaaaa!", jubelte Eelamaran und winkte zum Ufer hin. Das, nun ja, nur mal einen knappen Meter von ihm weg war. Berisha reckte seinen Daumen in die Luft. Der endgültige Beweis seines Wahnsinns. Bloß nicht zu lange zurückschauen, dachte ich. Immer nach vorne, am Ziel orientiert. Einen Fußbreit neben mir plumpste irgendwas ins Wasser. Keine Hand, keine Hand, keine Hand, redete ich mir ein. Ein Frosch mit

Schlafstörungen vielleicht. Oder – schlagartig kamen mir nun doch alle Filmszenen in den Sinn, in denen eine Moorleiche eine Rolle gespielt hatte, als ich plötzlich in zwei sehr helle, sehr glitzernde Augen sah.

„Geht's?", fragte Malin mich.

„Geht", antwortete ich ihr.

„Leuchten, bitte!", rief sie über die Schulter zurück, und alle leuchteten, so gut es ging, Baumstrunk Nummer sechs an. Unmöglich, dachte ich, aber da sprang sie schon. Landete mit beiden Füßen auf dem Kiesbett, das aus dem Wasser lugte: „Kies trägt!"

„Kies trägt!", echote ich, ohne es zu wollen, denn dass da noch ein Kiesbett war, hatte ich nicht gesehen. Hinter mir gab Blerta die Information zuverlässig weiter. Aber ich hatte keine Zeit, darauf zu achten, wer da grad was machte, denn Malin, angestachelt vom Erfolg, tat einen weiteren waghalsigen Sprung zu Nummer sechs und gleich noch weiter. „Nummer sieben: wackelt nach links!"

Mittlerweile hatte sich die zweite Sechsergruppe aufgemacht, soviel ich mitbekommen hatte, wieder eine durchmischte; Berisha ließ uns absichtlich nicht in den Grüppchen antreten, in denen wir im Schulzimmer um unsere Tische saßen. Das Thema Solidarität war wohl mehr als nur eine Laune. Mein letzter Blick zurück bewies es: Breitbeinig wie ein General stand er am Ufer und beobachtete stumm das Geschehen. Ab da sah ich streng nach vorne.

Von hinten drang ein Streit an mein Ohr. Liv motzte Eelamaran an, der offensichtlich keinen Schimmer hatte, was er falsch gemacht hatte. Auf alle Fälle musste er einen Strunk zurück, sonst hätte Liv zu kreischen angefangen, weil: Ich sag nur „unsichtbarer Eddie". Also teilte sich Eelamaran Strunk Nummer eins nun wieder mit Nico, der offenbar die zweite Gruppe anführte.

Liv klagte noch eine Weile vor sich hin, denn wenn Liv zweifelte, dann am Rest der Welt, nicht an sich selbst.
Als Vortruppe spürten wir die Veränderung natürlich sofort. Unser Gebilde war länger geworden. Ich stand da, in der relativen Mitte, aber seit auch die zweite Gruppe unterwegs war, zog sie uns wie an einem Seil zurück. Die Angst vergrößerte sich exponentiell, und auch das Wasser neben uns gurgelte, so schien mir, lauter. Einerlei, wie gut wir unter Malins Führung vorankamen, wenn die, die hinten folgen sollten, schleppten, stoppte das die ganze Bewegung. Vor meinem geistigen Auge sah ich einen chinesischen Glücksdrachen, so ein großes, riesenhaftes Ding, das in der Luft zappelt. Auch bei uns lief die Vibration durch die gesamte Gruppe, nur dass wir nicht flogen, sondern über Kies, Strünke, Steine stolperten, kletterten oder sprangen, als kriegten wir's bezahlt. Mit jeder neuen Einheit, die sich auf den Weg machte, wussten wir, sie müsste noch beherzter vorwärts gehen als die vorherige. Wenn sie uns zu lange auf unseren Sockeln warten ließe, wären wir verloren. Matus, mit seinen Zwergenbeinen, schien eine gute Technik entwickelt zu haben. Ich hörte, wie sie ihn anfeuerten und sich freuten. Léannah war die wackligste. Als sie mit einem Fuß abrutschte und beinahe ins Wasser stürzte, wankte unser Unglücksdrachen und ich dachte: Jetzt ist es aus. Alle Augen waren auf Léannah gerichtet, die sich wortlos wieder aufrichtete und die grad sehr einsam aussah. Und da dachte ich eben auch: Es geht nur weiter, wenn alle weitergehen. Wenn wir alle, jede und jeder, die eigene Angst überwinden.

Der Moment, in dem uns bewusst wurde, dass wir tatsächlich alle im Kollektiv verbunden mitten im Gewässer standen, uns an Händen, T-Shirt-Säumen, Hosenbünden und Gürteln festhielten und dabei versuchten, die bestmögliche Balance und damit Stabilität zu bieten, war groß.

Dieser Moment war immens.

Von hinten rief uns Berisha zu: „Bin drauf!" Er hatte mit Geduld den Schluss übernommen. Als Letzter wäre er der, der zuerst abgehängt würde. In mir stieg erneut Bewunderung für meinen Lehrer auf.

Ich wusste nicht, wie lange wir da draußen für dieses Wunder gebraucht hatten, dort, im Feuchtgebiet des Auenwaldes, hatte ich jegliches Zeitgefühl verloren. Irgendwann wurde es dunkel und irgendwann war Nacht. Der Mond schien und wir alle stießen ein Geheul aus wie junge übermütige Wölfe, als wir endlich, Hände haltend, erfolgreich über den Sumpf triumphierten und wussten, dass wir den Höhepunkt erreicht hatten. Alle fünfzig Füße standen fest auf ihrem Weg über das dunkelbraune Nass und wir waren ein Körper, ein Puls, ein Team.

Dieses Gefühl kann ich kaum beschreiben. Es war überwältigend. Ich bin sicher, ich war vollgepumpt mit Adrenalin und nicht nur ich. Zwischen unseren schweißnassen Körpern vibrierte die Luft, und egal, wer was tat oder von sich gab: Ab einem bestimmten Zeitpunkt hätten wir keinen Einzigen von uns in den Sumpf fallen lassen. Nicht einmal Livs „Eddie".

Wir waren ein großes Gebilde, ein Nachtdrache, ein Geschöpf, das über den Totensee herrschte, eines, das gleichsam das Geschick aller bestimmte. Indem auch noch die letzte Vorderfrau dem letzten Hintermann kundtat, wie sich der Boden unter ihren Füßen verhielt, konnten alle ihre Schritte planen. Wir wussten, ob wir zu zweit aufs Holz steigen sollten oder besser nicht, wir wussten, ob wir unsere Hände und Arme für die Balance brauchen würden oder ob wir sie getrost jemandem hinhalten konnten, der nach uns kam.

Ich erwog, mich umzudrehen. Ich hätte Berisha gerne zugeschaut, seinen Kopf auftauchen sehen im Röhricht hinter mir, aber ich traute mich schon eine ganze Weile nicht mehr, mich

außer Gebühr zu bewegen, so konzentriert war ich, meinen Teil fürs Ganze zu leisten.
Ich bin sicher, er hat das gewusst.
Ich bin sicher, er hat still in sich hineingegrinst und das die ganze Zeit gewusst.
Was er uns da bescherte.
Wir gingen, alle fünfzig Füße, auf trockenem Untergrund, während um uns herum das Monstermoormeer waberte.
Blerta lachte und schniefte die Nase hoch. Und auch ich lachte, denn das Ufer war jetzt nah! Malin sprang als Erste und brach in Jubelgeschrei aus.
So richtig laut und ausgelassen gelacht und gekreischt haben wir dann aber, als auch noch der Letzte von uns am anderen Ufer landete. Gekugelt vor Lachen haben wir uns, und uns alle umarmt. Mit hyänenhaftem Gebrüll sind wir herumgerannt.
Eelamaran schimpfte: „Ich darf nicht so schmutzig nach Hause kommen wie ihr, ihr Säue! Meine schönen weißen Schuhe!", und warf sich doch mitten ins Geschehen hinein.
Alle haben wir es geschafft. Keiner blieb zurück und keine.
Wir lachten und johlten und sprangen in die Luft, und als Berisha tatsächlich seine Äpfel verteilte, aßen wir sogar die.

Nie hätte ich gedacht, dass aus diesem Schönsten mein Schlimmstes entstehen könnte und aus dem Schlimmsten in meinem Leben wiederum das Schönste.
Wir steuerten in ein starkes siebtes Schuljahr, eines, in dem uns Berisha in Deutsch drillte, einfach drauflos zu schreiben, „Hauptsache Textproduktion", sagte er. Ein Jahr, in dem er uns in Geschichte und Geografie an möglichst viele Schauplätze führte. „Oh, nicht noch eine Exkursion!", schimpfte meine Mutter, weil sie mir jedes Mal den Rucksack packen musste, da ich das ganz bestimmt versiebte. Ein Jahr, in dem

unser Lehrer uns im Wintersportlager die Liebe zum Schneesport einimpfte – es gab kein Pardon, auch Flora musste auf Holzlatten ins Tal hinab eiern, und eines, in dem wir als Klasse so richtig fest zusammenwuchsen. Wir glaubten an uns, in der Siebten, mit Berisha vorneweg konnten wir schlicht alles erreichen.
Obwohl er sich meist im Hintergrund hielt.
Wie damals, in der Hartholz-Aue, wo wir nur hin und wieder seinen Pfiff vernahmen, der uns die Richtung wies.
Der uns sagte: Ihr seid nicht allein. Wir sind zusammen ein Ganzes.

In diesem ersten Jahr in der Oberstufe wuchsen wir zu einer stolzen Truppe zusammen, zuversichtlich und bereit. Natürlich gab's bei uns auch Untergrüppchen. Die Top Five oder Samuele und seine Jungs. Aber da war immer auch ein Band, das uns zusammenhielt, egal, welcher Kaste man angehörte, um es mit Eelamarans Worten zu sagen. Wir hatten unseren eigenen Sumpf-Pakt-Gruß, den wir wie die Irren zelebrierten, Faust auf Faust, Schulter an Schulter, dann eine komplizierte Choreografie mit unseren Fingern, bis wir uns abklatschten zum Schluss. Keiner kam an uns heran. Wir waren die Klasse 7AE, sieben für das Schuljahr, A für den Gebäudeblock und E, weil wir zu den Leistungsstarken gehörten, denen mit den erweiterten Anforderungen. Wir waren die, die auf sicherem Boden gingen – mit ausholenden Schritten in eine blendende Zukunft hinein.

Bis es krachte.

Bis der Boden unter unseren Füßen brach und wir nacheinander in die Tiefe sanken, ohne Vorwarnung, dafür mit einem umso größeren Warum?

Nur, davon wussten wir damals nichts. Und nichts davon, wie sehr unsere Welt explodieren oder wie im Falle von Tekkie implodieren würde.

Nun. Das ist Tekkies Teil unserer Geschichte und ich gebe ihm das Wort dafür.
Tekkie? – Bitte. Wie war das damals bei dir?

ACHTES SCHULJAHR

Schreib-Insel: Flash Fiction

Nur mit den Fingerspitzen gelingt es mir, die Oberfläche zu berühren des reich verzierten Spiegels, der mich von ihm trennt. Meine Hand langt von der anderen Seite nach diesen Fingerspitzen, aber das andere Ich, das ich sehe, bleibt durch die dünne Glasschicht von mir getrennt, mein eigener Vater.
Tekkie Lax

Schreib-Insel: Flash Fiction

Der glitzernde Umschlag in meiner Hand. Noch nie habe ich so etwas erhalten, und auch wenn nur mein Name draufsteht, verstehen wir doch, dass wir beide gemeint sind.
Liv Angerer

Tekkie Lax

Ich bin Robert L. M. der Dritte, kein Scherz. Meine beiden Mittelnamen gebe ich nie mehr jemandem preis, und ich habe auch mit Berisha eine Übereinkunft getroffen, dass diese Namen nirgendwo erscheinen. Das musste er mir, oder besser meinen Eltern, versprechen. Denen hab ich nämlich gesagt, dass ich das so will, weil es für mich überlebenswichtig ist, und sie haben mir geglaubt.

Keiner heißt so wie ich. Total bescheuert. Da können mir meine Eltern noch so oft einzubläuen versuchen, dass das Tradition hat, dass ich da noch einmal ganz, ganz stolz drauf sein werde, dass ich meinen eigenen Sohn auch einmal ... blablabla.

Ich bin auf anderes stolz. Zum Beispiel, dass ich den diesjährigen Tekkie-Wettbewerb als Zweitplatzierter gewonnen hab. Seither ruft mich zwar meine Mutter jedes Mal zu sich, wenn sie glaubt, von einem Trojaner bedroht zu sein oder wenn sie Phishing befürchtet – die Fachbegriffe lernt sie, glaub ich, um mir ihre Wertschätzung zu zeigen –, aber immerhin hat sie gecheckt, dass Tekkies etwas draufhaben. Auch fragen die meisten meiner Schulkollegen mich, wenn sie ein Computerproblem haben, das über ihre geistigen Fähigkeiten hinausgeht. Sogar Berisha hat mich schon um Hilfe gebeten beim schulinternen Datenserver. Eelamaran hat mir über die Schulter geguckt, als ich das NAS neu aufgesetzt habe. Mir über die Schulter gucken macht er fast immer, wenn's um Technik oder Computer geht. In den MINT-Fächern bin ich der Schlauste. Das hat Eelamaran schnell gemerkt, darin ist er stark. Keine Ahnung, was er sonst draufhat, seine Talente liegen eindeutig außerhalb des Schulunterrichts. In der Familie, vielleicht. Wenn du mich fragst, dann ist sein einziges Talent in der Schule, sich an die Richtigen ranzuhängen, die, die ihm die Hausaufgaben erklären, dafür hat er ein Gespür. Manchmal finde ich ihn ein bisschen kindisch. Aber er ist mein Freund. Immerhin verbringe ich schon fast meine gesamte Schulzeit mit ihm. Ihn kenn ich in- und auswendig.

„Hau ab, Eelamaran!", sag ich und er antwortet wie erwartet, ich solle selber abhauen. Wenn sich die anderen im Werkunterricht noch die Kleberreste von ihren Fingern klauben, flimmern bei mir schon die Lämpchen. Ich verbaue grad verschiedene Steuergeräte und codiere sie so, dass die Lämpchen in der von mir beabsichtigten Abfolge aufleuchten. Eelamaran zieht seinen Stuhl zu mir heran. Ich habe aber keine Lust, dass er mir jetzt auf die Pelle rückt. Ich hantiere mit Dioden. Wenn ich den anderen gegenüber mit Anoden und Kathoden komme, schütteln die bloß den Kopf und kleben sich die Fingerspitzen voll mit Sekundenleim, diese Kinder.
„Ruhig Blut, Tekkie", sagt er versöhnlich. Ich grinse ihm kurz zu, alles im Lot zwischen uns.

Zu Hause bin ich aber nicht nur der computertechnisch Begabte, ich bin der *junge Meisterpianist*. Bin *mein Bester, unser aller glänzende Zukunft*. Mein Weg ist vorgegeben: zwei Jahre Sek, dann Gymnasium, dann Studium, dann Einstieg in die Firma als Bauingenieur und irgendwann Stabsübergabe. Dann bin ich der nächste Chef und kann meinerseits meinem Erstgeborenen den Weg vorgeben.
Mist.
In den Augen meiner Eltern werde ich einmal eine kapitale Größe. Dabei ist eh klar, wer diesen Platz für sich reklamiert. Wenigstens in unserer Klasse. Blerta. Blerta geht jeden Schul-

tag als weiblicher Moses durchs Rote Meer, blitzgescheit ist die, hat zwar unglaubliche soziale Defizite, wenn's um Gleichaltrige geht, aber ehrlich: Irgendwann wird sie einen Teil dazu beitragen, diese Welt zu retten. Da bin ich mir sicher, wir alle sind uns das.
Ich bin nur Robert L. M. der Dritte, und heute werde ich vierzehn.

Meine Mutter hat allen, die auf meiner Liste stehen, Einladungen geschickt. Sie sagt, das lässt sie sich nicht nehmen. Ich bin vierzehn, aber meine Mutter fertigt für mich die Einladungen auf perlmuttschimmerndem Papier und steckt sie in sauteure, goldfarbene Umschläge. Damit auch alle ganz bestimmt wissen, dass es eine super Fete wird.

Früher, als ich noch klein war, hat sie Themenpartys für mich organisiert. Piratenschatzsuche. Weltraumabenteuer. Tiere im Zoo. Später ist sie dazu übergegangen, fremde Leute beizuziehen. Berufsclowns. Tischzauberer. Amphibienzüchter. Als Unterhaltungsprogramm. Shows, von denen sie sich Spannung und einen Lerneffekt für die Kinder versprach. Dann wurde es anspruchsvoller. An die Party mit der japanischen Trommel-Band erinnere ich mich lieber nicht. (Wer hört so was?) Zu peinlich.
Anderen hatte ich immer alles zu bieten, seit meine Eltern dieses Haus gebaut haben am Rande der Landwirtschaftszone und meine Mutter unser Zuhause neu „Anwesen" nennt und den Garten „Anlage". Endlos-Rasen mit Golfabschlagplatz. Indoor- und voll beheizbarer Outdoor-Swimmingpool. Im Keller ein Gymnastikraum. Als ich klein war, gab's schon ein Karussell mit Schwänen und Elefanten und eine Hüpfburg in Blau, gefolgt von einem gigantischen Trampolin. Das steht noch immer draußen. Und auch eine Nanny hatte ich,

die mich lange, viel zu lange, zur Schule fuhr. Eelamaran hat das alles brav mitgemacht. Ich seh ihn noch, fünfzig Centimeter hoch im Glück, wie er als Knirps auf meiner Hüpfburg springt.

„Freundschaften entstehen durch gemeinsame Interessen", ist, was meine Mutter dazu sagt. Sie will mich vor dem Schicksal bewahren, zu einem gestörten Tekkie zu werden. Sie glaubt, nur weil ich mit Technik kann, müsse mir im Sozialen was fehlen. Sie schaut die falschen Filme.

Und überhaupt: Wenn das so wäre, wie sie behauptet, dann müsste sie nicht Jahr für Jahr so viele Gastgeschenke kaufen, wie sie das immer noch tut, bestimmt auch getan hat für heute.

Früher waren das noch kleine Roboter, Lederfußbälle und Barbies oder Plüscheinhörner, die sie – hübsch verpackt – meinen Freundinnen und Freunden entgegenstreckte. Dann wurden die Geschenke immer teurer, Videogames, ferngesteuerte Autos, unter fünfzig Franken pro Kind ging nichts. Fand sie.

Die meisten finden das auch, Flora findet es krank. Mir ist es peinlich. Ich denke mir: Wie würde ich mich fühlen, wenn ich einer der anderen wäre? Nico zum Beispiel oder Samuele und auch Flora, die diese Möglichkeit nicht haben, bei denen es nicht einmal eine Torte gibt? Und schon gar keine vegane, extra für Blerta? Von den Gastgeschenk-Taschen voll saurer Zungen und Colafrösche nebst sorgfältig verpackten Markenartikeln will ich jetzt gar nicht reden.

Ich sehe bei Blerta das Perlmuttschimmerpapier aus dem Rucksack leuchten. Ist das ein Zeichen, dass sie heute kommt? Seit ein paar Tagen habe ich das Gefühl, dass da was sein könnte zwischen ihr und mir. Ich erwische sie manchmal, wie sie mich so sonderbar anschaut. Natürlich wendet sie ihren Blick dann ab; ich auch.

Wenn sie heute kommt, sagt Eelamaran, soll ich ein Gespräch mit ihr anfangen.

„Was hast du zu verlieren?", fragte er mich und ich konnte es ihm nicht sagen.

Wir haben schon lange nicht mehr miteinander geredet, Blerta und ich, so richtig. Das letzte Gespräch handelte davon, ob ich mich auch für die Gymi-Aufnahmeprüfung angemeldet habe. Dabei hat uns das der Berisha ja allen ans Herz gelegt, uns anmelden. Es probieren. Den Lauf über die glühenden Kohlen wagen. Er sagt, dann wüssten wir, wo wir in etwa stünden, wüssten, wie so eine Prüfung abläuft und könnten – im besten Fall – auch später noch aufs Gymi wechseln.

Mir wird gerade bewusst, dass ich eigentlich gar nicht weiß, wer von uns alles zu dieser Prüfung gehen wird. Wer sich diesem Druck auf Vorrat aussetzt. Gab's da mal eine Liste? (Wenn ich's mir überlege: So eng, wie wir in der Siebten waren, sind wir jetzt in der Achten nicht mehr.)

Das war so was von geil damals! Wir alle, nassgeschwitzt auf dieser Wiese! Was haben wir gegrölt und uns das überschüssige Adrenalin aus den Adern gelacht ... Blerta mit ihrem sphinxhaften Gesicht blutverschmiert, weil es ihr aus der Nase tropfte, aber dennoch lachten wir, auch sie. Damals konnte plötzlich jeder mit jeder und alle standen für einen ein. Heute, befürchte ich, steht bald jeder für sich allein.

Berisha und seine Ideen. Was der uns da in Sachen Deutschunterricht unterjubeln will, stresst mich jetzt schon.

Ist nicht so mein Fach, Deutsch. (Reden war's halt noch nie.) Vielleicht hat meine Mutter recht, wenn sie die Brauen hochzieht, wenn ich Stunden in meinem Zimmer über einer Sache brüte. Ich bin auf dem besten Weg dazu, ein Asi zu werden.

Die Schulglocke klingelt. Zeit, nach Hause zu gehen. Mich umziehen für die große Sause.

Bandit, unser zwölfjähriger Gordon Setter, kämpft sich von seiner Liegeposition hoch und trottet prompt in die falsche Richtung.
„Hey, Bandit", rufe ich ihn, „hier!" Er sieht nicht mehr so gut, und hören tut er auch kaum mehr was. Oder er schauspielert uns was vor, ich bin mir da nicht sicher. Er schlabbert meine Hand ab. Ich schiebe die Verandatür zurück. Meine Mutter mag es nicht, wenn ich die Veranda als Eingang benutze. Schmutzige Schuhe, Grasflecke halt. Aber nur so habe ich eine Chance, unbemerkt nach Hause zu gelangen und nicht gleich –
„Robert?"
Da haben wir's.
„Bist du das?"
„Hallo." Und schon kommt sie um die Ecke. Sie hat sich fein gemacht. Passend zum Einladungskuvert. Sie fragt wie jeden Tag: „Wie war's? Was gibt es zu erzählen?"
Mit aufmerksamem Blick hört sie mir zu, während ihre Hände die Geschenke arrangieren. Bei Deutsch halten ihre geschickten Finger inne: „Eine Schreib-was?"
Ich sage: „Schreib-Insel. Berisha sagt, wir müssten nun schreiben, schreiben, schreiben", zitiere ich ihn dramatisch.
„Was denn? Bewerbungen? Das brauchst du doch nicht."
Ich merke, wie sich mein Magen zusammenzieht. „Nee. Keine Ahnung. Kann ich jetzt raufgehen? Du hast doch hier noch zu tun, oder?" Plötzlich macht es mich traurig, dass sie in der Farbe vor mir steht, die sie sich offenbar zum Thema meines Festes ausgesucht hat: Gold und schillernd. Ich mag es nicht, wenn das passiert. Ich will nicht immer so traurig werden ohne Vorwarnung. Aber manchmal sehe ich mein Leben mit den Augen der anderen und dann kommt es mir erschreckend abschreckend vor. So gemacht. Für mich ist das normal, aber für einen wie Nico, Sohn eines Gemüsebauern?
Auf keinen Fall will ich ein Sonderling sein.

Zum Glück wirft mir das keiner vor. Für die anderen ist es normal, dass ich der mit dem reichen Vater bin. Der Baufirma-Direktorensohn „Robert".

Ich seh die vielen Tüten, Schachteln, Taschen und Böxchen, die meine Mutter in Gold oder durchsichtiges, schimmerndes Schildpatt eingeschlagen hat – kein Geschenkpapier nur mal so schnell über den Ladentresen, jedes hat sie selbst ausgesucht –, und ich wünschte mir, ich könnte sie dafür lieben. Das ist ein regelrechter Haufen von Gastgeschenken, den meine Mutter inmitten unseres Wohnzimmers aufgetürmt hat.

Sie beobachtet mein Gesicht, also wende ich mich ab und geh hinauf in mein Zimmer, wo ich mich in meinen liebsten Freizeitschlabberhoodie kuscheln werde. Den verwaschenen, dunkelblauen. Ja, Mutter, genau den, übe ich meine Antwort im Kopf.

„Du kannst Arlette zu mir sagen", höre ich die Stimme meiner Mutter wenig später, als ich die Treppe, zwei Stufen auf einmal, hinunterspurte. Ein bisschen zu früh, denke ich noch mit Blick auf meine neue Uhr (Geschenk meines Vaters) – eine Viertelstunde. Ich nehm locker die letzten zwei Stufen, ich will, dass mein Auftritt cool wird.
Und dann sehe ich sie. Oder viel eher: Dann höre ich, was sie sagt.
Sie sagt: „Freut mich, Sie kennenzulernen. Ich bin Liv, und das ist Eddie."
Was macht die denn hier?
„Mutter!", sage ich und versuche, sie von Liv wegzuziehen.
„Robert – was?"
„Mutter", sage ich bestimmter und zerre sie in die Küche. Liv schaut uns unbekümmert hinterher.
„Wieso ist Liv hier?", zische ich.

„Ein reizendes Mädchen, sie kenne ich ja noch gar nicht."
„Mutter, Liv stand nicht auf meiner Liste! Sie ist kein VIP."
„Ach das. Ich habe deine Liste in deinem Chaoszimmer nirgends finden können, also habe ich deine Klassenliste genommen."
„Du hast was?"
„Das sind doch alles deine Freunde ...?"
„Mutter!"
Sie dreht sich einfach von mir weg.
„Du bist noch ein bisschen zu früh", sagt sie zu Liv und geht lächelnd zu ihr ins Wohnzimmer, „den Kuchen schneiden wir erst später an. Darf ich dir eine Erfrischung anbieten?" Und mit einem Blick über die Schulter zu mir: „Ich mein ja nur, Robert. Dein Gast ist bestimmt durstig. Orangensaft? Oder einen Ingwershot? Apfelsmoothie? Was trinkt ihr Kinder denn heute so am liebsten? Muss doch sicher alles gesund sein, ja?"
Flehentlich versenke ich meinen Blick in Livs Augen. Seit wir in diesem Jahr in die Berufswahl eingestiegen sind, benimmt sie sich leider wieder sonderbar. Ein paar unserer Klasse, die sie von früher kennen, sagen, das sei bei ihr halt so. Und wir sollen sie nicht verraten. Ich werde sie nicht verraten. Aber wenn sie so weitermacht, verrät sie sich locker selbst.
„Ein Glas Orangensaft wäre nett. Wir teilen auch", sagt sie. Mir zwinkert sie tatsächlich zu. Ich atme schnaubend aus.
„Schön hier", sagt sie. Das erinnert mich daran, dass ich Liv noch nie zu mir nach Hause eingeladen habe. Ich zucke die Achseln. Bandit kommt herangeschlendert und schnuppert Livs Schienbeine ab.
„Dem haben wir aber nichts mitgebracht", sagt sie und reicht mir ein knittriges Geschenk. Das Papier ist bestimmt schon dreimal verwendet, aufgefaltet, glattgestrichen und wieder zusammengeklebt worden. Vielleicht Livs Anteil daran, die

Welt zu retten. Ich ringe mir ein Lächeln ab. „Prost. Euch beiden", sage ich, sobald meine Mutter in sicherer Entfernung ist. Nun lächelt Liv dankbar und in ihren Augenwinkeln funkelt es.

Ihr Geschenk in meinen Händen. Ich weiß nicht, ob ich es gleich auspacken soll oder warten, bis die anderen da sind. Lieber gleich, wer weiß, was da drin ist. Ich will nicht gierig sein, aber ich bin gierig. Bei jedem Geburtstag, bei jeder Weihnacht denke ich: Was bekomme ich? Was schenkt man mir? Eigentlich habe ich alles, was ich brauche, alles, was ich mir je wünschen könnte und doch ist es irgendwie nie genug. Meine Finger öffnen das Päckchen und mein Mund sagt Danke, bevor ich weiß, was es ist.

Vielleicht besser so.

Ja. Ist besser.

„Der Handwärmer ist von mir", sagt Liv. „Der Bleistift und der Radierer sind von Eddie."

Ich betrachte die drei Dinge in meiner Hand. „Top. Ein Knackfrosch-Handwärmer. Kann man immer gut gebrauchen. Im Winter." Draußen blühen die Krokusse im Beet. Ich weiß nicht, ob Liv begreift, dass jetzt der Frühling kommt. Ich betrachte den Knackfrosch-Handwärmer. Scheint ein Werbegeschenk einer Tierhandlung zu sein.

Liv strahlt. Ich weiß jetzt schon, dass der Wert von Mutters Gastgeschenk den Wert von Livs Gabe trillionenfach übersteigt. Aber, wenn ich ehrlich bin, rührt mich auch ein bisschen, dass sie mir etwas von ihrem Eddie mitgebracht hat. Und um ganz ehrlich zu sein, das haben wir nämlich alle abgemacht, dass wir das sein wollen, ehrlich, als wir uns zu diesem Bericht entschieden, also: Ich bin sogar sehr gerührt ob ihres Geschenks.

„Ich find's so geil hier, Tekkie!", schwärmt Eelamaran und fläzt sich eine Stunde später zu mir und Finn auf unsere Sofalandschaft. Ich werfe einen Blick auf seine gegelten Haare, sage aber nichts dazu. Ich sage: „Du kannst auch so wieder mal vorbeischauen. Wenn dich deine Eltern lassen."
„Weiß ich doch. Aber dein Geburtstag ist die ultimative Chance, einfach alles in eurem Haus zu benutzen!" Jetzt packt er seinen Kamm weg.
Ich nicke unkonzentriert und versuche, meinen Avatar im Auge zu behalten. Ein paar meiner Schulkameraden planschen draußen im Pool. Der Dampf um ihre Köpfe sieht aus wie ein Spezialeffekt. Freiluftbaden Anfang März. Ich sehe, wie Samuele in die Ferne stiert, oder staunt er Elodie an? Von oben höre ich Gegröle, die spielen da Billard und im Keller versuchen sie sich an Dads neuen Trainingsgeräten. Drei hocken hier mit mir im abgedunkelten Wohnzimmer und zocken. Nico hat die Nase vorn, er plappert vor sich hin. Er kommentiert alles, was er tut. Eelamaran, Finn und ich liegen Kopf an Kopf und kämpfen uns zurück ins Spiel. Alle sind beschäftigt, die Party läuft und ich lasse endlich meine Schultern sacken, lasse los.
Und dann klingelt es an der Tür. Und dann geht alles plötzlich rasend schnell: Meine Mutter tut einen Schrei, dann macht sie einen erschrockenen Schritt zur Seite und ein grauer Strom rauscht in unser Haus: mindestens ein Dutzend undurchdringlich dreinblickende Männer.
Es herrscht Aufruhr. Mutter schimpft, das sei ein Kindergeburtstag! Aber diese Männer kommen rein, stapeln ihre großen Kunststoffkisten aufeinander, strömen in die Küche, ins Bad, die Treppe hinauf, runter in den Trainingsraum ...
Wir sitzen wie festgenagelt und starren auf das, was da geschieht. Meine Mutter schimpft richtig laut. So laut habe ich sie noch nie gehört, ihre Stimme dröhnt.

Von oben kommen jetzt Blerta und die anderen herunter, von unten Dennis und Matus herauf. Die draußen kleben an den bodenlangen Scheiben. Ich höre meine Mutter fragen, bitten, betteln, dann beginnt sie zu weinen, weil sie meinen Vater am Telefon nicht erreicht.
Ich begreife nichts.
Ich stehe da mit schweren Füßen, mitten in unserem Wohnzimmer, als einer der Männer die Jalousie hochfahren lässt. Ein anderer Mann geht an mir vorbei. Einer kommt auf mich zu, er sagt etwas. Ich verstehe das Wort Hausdurchsuchung. Und wieder ein anderer sagt: „Wir müssen leider auch deinen Computer mitnehmen, die Laptops. Alle elektronischen Speichergeräte hier."
„Nein!", ruft meine Mutter. „Das sind Roberts Sachen! Robert ist doch erst vierzehn! Er hat nichts gemacht!"
Mir schießt durch den Kopf, dass man in der Schweiz ab zehn strafmündig ist und mir wird plötzlich heiß. Habe ich etwas verbrochen, von dem ich nichts weiß? Was habe ich getan?
Einer der Männer, offensichtlich sind das alles Polizeibeamte in Zivil, sagt: „Doch. Wir dürfen das. Und wir müssen es auch. Begleitest du mich bitte nach oben in dein Zimmer?"

Der Alptraum hält an. Der Alptraum endet nicht, er dauert an, auch als alle meine Freunde gegangen sind, zittern mir noch die Knie.
Hat das wirklich stattgefunden? Flora, noch ins Badetuch gehüllt, sagte laut in die Runde: „Anderer Plan" – die konnte nicht schnell genug weg sein. Dennis mitleidig zu mir zurückwinkend. Blerta – wann ist Blerta gegangen?
Was ich begreife, ist: Da ist irgendwas geschehen in der Baufirma meines Vaters. Der Schuldige, ich bin das nicht.
Was ich auch begreife, ist: Mein Vater ist von der Firma weg mitgenommen worden. Untersuchungshaft.

Was ich zum ersten Mal in echt und nicht in einem Film höre, ist: Verdunkelungsgefahr.

Die Männer tragen die nun gefüllten Kunststoffbehälter weg. Zu ihren Füßen liegen Badetücher. Draußen, im Pool, paddelt verloren das Aufblaseinhorn über die Wellchen.

Etwas ratlos blicken zwei der Beamten auf die Gastgeschenke, die noch verpackt in ihren Tüten sind. Sie murmeln miteinander. Nicht alle meine Klassenkameraden haben ihre Geschenke mitgenommen. Vielleicht befürchteten welche, sie machten sich dadurch strafbar.

„Soll ich die etwa für Sie auspacken?", fragt meine Mutter und ihr Tonfall ist jetzt der einer Giftspritze. „Ich kann die schon alle für Sie auspacken, meine Herren, zum Beweis!" Noch nie habe ich meine Mutter so wütend erlebt. „Da ist nichts drin, was für Sie von Interesse sein könnte! In den einen sind Ray-Bans, in den anderen Fendi-Sonnenbrillen. Und garantiert keine Fälschungen!" Ihr Blick huscht zu mir. Ich zerbreche fast daran. „In den kleineren", jetzt weint sie, „sind bloß Handyhüllen ... da ist nichts, was ...", sie beißt sich in die Faust und verstummt.

Schließlich lassen die Beamten die Geschenke liegen.

Was sie mitnehmen, sind: unsere Computer (alle). Das Handy meiner Mutter (meins darf ich behalten), sämtliche Ordner aus Papas Arbeitszimmer unterm Dach, Kisten voller Papiere und Mappen aus dem Keller, mögliche Beweismittel – wofür?

Bandit leckt mir die Finger. Die Stille ist fast unerträglich. Ich sitze, den Rücken angelehnt am Sofa, auf dem Boden. Von der Küche glaube ich die leise, aber äußerst zittrige Telefonstimme meiner Mutter zu hören. Sie telefoniert mit unserem Familienanwalt. „Erst jetzt." Das sagt sie, weil die Beamten nun weg sind. „Erst jetzt kommt mir diese Idee, Sie anzurufen." Ich höre, wie sie schnieft.

Ich streichle Bandit über den Kopf. Er weiß nicht, dass er heute schon zweimal gefressen hat. Man muss es ihm sagen, er vergisst es sonst und bettelt immer wieder.
„Wir haben auch ein Haustier."
Ich blicke fassungslos auf. Liv!
„Eine Schildkröte. Die ist schon sehr alt. Das Herz einer Schildkröte schlägt nur sechsmal pro Minute, dafür fast zweihundert Jahre lang."
Sie ist offenbar geblieben. Seelenruhig steckt sie sich den Bambusstrohhalm in den Mund und zieht geräuschvoll den letzten Rest Orangensaft hinauf.
Ich bin nicht in der Lage, darauf zu antworten. Dass sie überhaupt noch hier ist – gafft sie? „Hach." Mehr sage ich nicht.
Sie hebt die Augenbrauen und blickt durch den Raum. Von der Küche her höre ich noch immer meine Mutter Begriffe wie „würdelos", „Menschenrecht" und dann – oh weh – auch „Roberts Geburtstagsparty" sagen.
„War trotzdem schön", sagt Liv und macht eine halbe Drehbewegung. „Ich mein, da kannst du ja nichts dafür."
Plötzlich habe ich einen Kloß im Hals. Es ist das Gefühl, das schon seit Stunden von mir Besitz ergreifen will. Schon seit der erste graue Mann seinen Fuß über unsere Schwelle gesetzt hat. Aber erst jetzt, mit Livs *trotzdem schön*, traut es sich hervor, das Gefühl.
„Ich habe keine Ahnung, was das alles bedeutet", sage ich zu ihr und komme wacklig auf die Füße, sacke aber auf dem Sofa neben ihren Beinen zusammen. Besser so. Sicherer. Sie nimmt meine Hand. Nur kurz.
„Wird schon werden." Liv klingt furchtbar altklug und ich muss trocken lachen.
Sie zuckt die Achseln. Dann beugt sie sich vor, umarmt mich kurz und schenkt mir ein lustiges Gesicht zum Abschied. Eine Art Liv-Grimasse. Das Gesicht, das sie immer macht, wenn

jemand etwas gegen Eddie sagt oder ihr sonst was gegen den Strich geht.

Für mich ist es in diesem Moment ein Erwachsenengesicht, das durch ihr jugendliches Gesicht hindurchschimmert. Eins, das auf höfliche Weise sagt: Scheiß drauf. Und eins, das sich das Recht dazu nimmt.

Das hast du auch gemacht, dir dein Recht rausnehmen, nicht wahr, Elodie? Aber das kam ja erst später. Wo begann dein Teil unserer Geschichte? Erzähl!

Schreib-Insel: Expressionismus

Das Papier, das man mir reicht, ist scharf wie eine Metallblatt und heiß, als ob es im Feuer geschmiedet worden wäre. Ich nehme den spitzen Stift in meine Hand und weiß, ich muss das Papier jetzt unterschreiben, aber als ich meine Hand darauflege, verbrennt sie sich an der Glut und ich schreie auf in einem Schmerz, der so laut ist, dass ihn niemand hören kann in der Untiefe, in der ich untergeh!!!
Elodie Faber

Schreib-Insel: Leipogramm (Verzicht auf a, e, i, o)

Wurm ruft Mut:
Mut! Mut!
Mut: Hu?
Wurm: Du gut, Mut!
Mut brummt.
Wurm: Mut tut gut!
Mut wurmt Wurm.
Wurm: Du Wunsch! Du Hut! Du Schuh! Du u kuul! Du: Guru!
Mut: Puh!
Wurm buhlt um Mut: Muu-ut, Muu-uuut?
Mut: Nun du. Nun nur du.
Flora Hauenstein

Elodie Faber

„Glaubst du das?", frage ich Flora und richte mich in unserer Pausenzone ein. Ein paar Minuten bleiben uns noch zwischen Englisch und der Schreib-Insel.
„Was? Das, was die Schule gesagt hat, oder was in der Zeitung steht?", fragt sie zurück.
„Heut Morgen kam's sogar im Radio", sage ich und scrolle weiter. „Verdacht auf millionenfachen Betrug. Glaubst du es?"
„Hm. Wenn er betrogen hat … Meinst du, wir müssen dem jetzt unsere Geschenke zurückgeben? Weil das Zeug, das dort rumsteht, ist doch alles von dem seinem Vater", sagt Flora. Dann greift sie mir hinters Ohr: „Moment! Du hast da was", sagt sie. „So, ist weg. Ein Stinkekäfer in deinem Haar."
„Iih! Woher kommt denn der?"
„Weiß ich, wo du wieder warst, Hübsche?"
Ich bedanke mich bei Flora für ihre überwältigende Fürsorge – ha ha – und wir sprechen noch eine Weile darüber, was uns die Schulleitung zum „Fall" erklärt hat. Und der Schulsozialarbeiter, Herr Uhlmann. Und Berisha. Der hat gesagt, wenn wir eine Frage hätten, sollten wir uns direkt an Tekkies Mutter wenden. Noch gelte die Unschuldsvermutung. Auch darüber haben wir gesprochen. Und davon, dass uns das beim Lernen nicht ablenken soll. So kurz vor der Aufnahmeprüfung.
„Bist du bereit?", fragt mich Flora und streichelt mir eine Strähne weg.
„Puh", sage ich, „ich weiß nicht mal, ob ich das will. Die Schule wechseln." Nur ungern erinnere ich mich daran, wie das war, als ich in dieses Schulhaus hier gekommen bin. In

den ersten Schulwochen war alles noch total neu, und der lange Schulweg hat mich ziemlich genervt. Mit dem Fahrrad ist das anstrengend, und die vielen neuen Bücher in meinem Rucksack zerrten an meinen Schultern. Ich habe fast ein ganzes Semester gebraucht, bis ich wusste, wann ich mich in welchem Zimmer für welche Lektion einzufinden hatte. Dauernd musste ich die anderen fragen. Flora war meine große Stütze. Seither sind wir beste Freundinnen.
Oder Biester, wie Blerta manchmal zu uns sagt. Blerta ist voll die Gescheite. Überhaupt finde ich, bin ich in eine gute Klasse gekommen. Ich glaube, unser Niveau ist recht hoch.
Aber die Zeit der Siebten ging viel zu schnell rum und jetzt, in der Achten, steht diese blöde Gymiprüfung an und meine Eltern wollen unbedingt, dass ich da reinkomme. Mein großer Bruder ist schließlich auch da. Und das, finden sie, wäre die optimale Lösung. „Praktisch", sagen sie dazu. Ihnen sei im Leben oft im Weg gestanden, dass sie nicht studiert hätten. Das wollten sie für ihre Kinder unbedingt verhindern, meinem Bruder und mir sollen dereinst alle Wege offenstehen, meinen sie. Aber so wie er bin ich nicht. Und überhaupt: Ich habe hier so viele Freundinnen kennengelernt, ich will gar nicht weg!
„Hast du gehört, was Tekkie zu Berisha gesagt hat?"
„Wann?"
„Vorhin."
„Was hat er gesagt?", frage ich.
Flora, in Schauspielerpose: „Berisha so: Du, Tekkie, Gymi? Und Tekkie so: Nur über meine Leiche."
Ich lache los. Auch wenn ich weiß, dass es nicht lustig ist. Nimmt halt Druck raus. Ich find's doof, wenn Eltern ihren Kindern nicht erlauben, die eigene Entwicklung zu machen. Wir sind jung, wir haben Träume, und es ist wichtig, dass wir unsere eigenen Flausen im Kopf haben und zu unserem eige-

nen Mut finden. So was hat Flora zumindest in der Schreib-Insel von letzter Woche geschrieben.
Ich bin überrascht, welche fantasievollen Texte aus mir herauskommen. Und sogar Léannah hebt die Hand freiwillig und liest vor.
Berisha bläut uns ständig ein, es sei der Textfluss, der zähle, und nicht die Rechtschreibung. Er sagt: „Macht mir einen Gefallen und begebt euch nicht auf Kriegspfad gegen das Korrekturprogramm. Das Korrekturprogramm ist euer Freund, seid dankbar für seine Hinweise."
Also schreibe ich immer gleich drauflos und klicke nachher die unterstrichenen Stellen an. Meist stimmt es dann ja auch, was mir das Programm vorschlägt. Und wenn nicht, ist es nicht meine Schuld.
Dieser Gedanke bringt mich leider wieder zurück zu dem, was uns nächsten Montag bevorsteht. Meine Mutter hat mir meine Sachen alle auf meinem Tisch bereitgelegt: Kugelschreiber. Bleistift. Spitzer. Radierer. Geodreieck. Lineal. Zirkel. Duden. Kleidung. Haarreif. Ich bin doch kein Kleinkind mehr! Ich geh zur Aufnahmeprüfung!
Auf dem Zettel, den uns Berisha heut ins Journal hat kleben lassen, steht noch zusätzlich: **Wasser oder ungezuckerten Tee mitnehmen und kleine Snacks, Äpfel, Nüsse, Rosinen. Brainfood!** Den zeig ich meiner Mutter bestimmt nicht.
Meine Angst ist, dass ich das nicht nur nicht schaffe, sondern auch noch schlecht abschneiden werde. Mit meinen Eltern Stress oder Streit haben, will ich nicht. Und nur weil mein Bruder ... die Pausenklingel geht.
„Träumst du?" Flora knufft mich in die Seite. Gegenseitig helfen wir uns aus den Sitzsäcken auf. An Floras Handgelenken klimpern die Freundschaftskettchen, die ich für sie geklaubt habe. Ich sehe, wie Dennis zu uns rüberlinst und drehe mich einfach weg. Halte Flora als Schutzschild um-

klammert, meine Nase in ihrem Haar. Ich weiß, das erträgt er nicht. Also kann ich mich wieder umdrehen und an meinen Platz gehen.

Berisha zählt auf, welche literarischen Formen wir bereits durchprobiert haben in der Schreib-Insel: Flash Fiction, Micro Fiction, Autobiographische Miniatur „Ich als Haus", Leipogramm und Metapher. Und jetzt kommt es wieder, sein Schreibenschreibenschreiben.

Heute stehen der Surrealismus und der Expressionismus an und danach folgen Märchen, neu interpretiert. Ich sehe, wie Berisha schmunzelt. Er nennt das ein Impulsreferat, braucht aber höchstens drei, vier Minuten dafür, und schon bald kann ich meinen Kopf senken, mir die Haare mit einer Hand im Nacken zu einem Knoten drehen und dem Gewicht meiner Hand auf dem Papier vertrauen.

Düster dürfe es sein, sagt Berisha, auch der letzten Konsequenz sollen wir im Expressionismus nicht ausweichen. „Traut euch, aufs Ganze zu gehen. Fragt euch, was der Text will, und gebt ihm das. Fangt dort an in eurem Leben, wo es schmerzt, und geht von da aus weiter."

„Sei sicuro?", fragt Samuele überflüssigerweise und nur, um sich von uns anderen noch mehr abzusondern. Ein Geräusch, ich schaue nach vorn, Berisha rollt Edvard Munchs Bild „Der Schrei" an der Tafel auf, der erspart einem auch nichts. Man möchte in tausend Teile zerspringen, wenn man dieses psychedelische Bild betrachtet, die Farben, die Wellenlinien im Hintergrund. Brr.

Wie Schallwellen. Ich fühl mich grad ehrlich bedrängt. Ich höre es schon, das Gekreisch, das ich zu hören bekommen werde, wenn ich die Aufnahmeprüfung vergeige.

„Was schreibst du?", fragt mich Nico leise und holt mich mit meinen Gedanken an den Tisch zurück. Ich zucke die Schulter.

„Vielleicht davon, wie ich das Anmeldeformular für die Gymiprüfung unterschrieben habe? Meine Hand verbrennt grad zu tiefroter Kohle, wenn ich daran denke", raune ich zurück.

„Glut. Was du meinst, ist Glut", flüstert er.

„Dann halt zuerst Glut und nachher Kohle." Ich fange ja gerade erst an mit dem Text.

Nico erwidert: „Tiefe Vokale: Nimm unheimlich, unwahrscheinlich, Gluuuuut."

Und plötzlich, wie aus dem Nichts, ist es da, das Wort Untiefe. Komisch, wie dieses Wort plötzlich zwei Bedeutungen erhält. Ist es nun tief oder nicht tief? Kurz taucht ein Erinnerungsbild auf, die nächtliche Aue – mein Unterbewusstsein spielt mir einen Streich. Ich lass die Aue lieber weg. Das war so gruselig dort, ich dachte ja immer daran, dass mich etwas an den Haaren ziehen und zurückhalten könnte, so dass ich als Einzige zurückbliebe. Verschwinden würde, als hätt's eine Elodie Faber nie gegeben.

Meine Gedanken sausen.

Ich fürchte mich vor der Prüfung, das stimmt. Ich fürchte mich davor, sie zu bestehen, weil ich dann in ein neues Schulhaus muss, in eine neue Klasse. Und wenn ich sie nicht bestehe, muss ich mir etwas für meine Zukunft überlegen. Und wenn ich da die falsche Entscheidung treffe, versaue ich mir vielleicht mein ganzes Leben. Ich habe Angst davor, später irgendwann mal sagen zu müssen, ich habe das und das nicht erreicht, weil ich zu faul war. Oder weil ich mich nicht genügend angestrengt habe. Oder weil ich nicht gut genug überlegt habe, welchen Weg ich gehen will.

Wie macht Matus das? Der hat zusätzlich zu allem noch Hockeytraining. Und Léannah mit ihrem Kunstturnen. Die trainiert fünfundzwanzig Stunden pro Woche neben der Schule und muss dennoch alle Lernziele erreichen. Wie machen die das?

Ich habe keine Ahnung, wie das andere machen.
Berishas Stimme ist wie ein Rettungsseil, als er ankündigt: „So langsam bitte zu einem Punkt kommen oder drei Pünktchen setzen ..."
Ich pflanze drei Ausrufezeichen an den Schluss meines Textes. Léannah sieht es und macht es mir nach.
Immer, wenn ich über meine Träume und Ziele nachdenke, kommen mir so viele Dinge in den Sinn, die eigentlich nichts mit Schule oder Studium oder Lehre zu tun haben. Ich weiß, ich will einmal Kinder haben. Vielleicht, weil ich nur einen großen Bruder und keine kleine Schwester habe. Und ich weiß, ich will mal in einem Haus leben, das bei einem Gewässer steht. Das stelle ich mir schön vor. Einen hübschen Mann will ich auch, vielleicht einen, der aussieht wie Dennis, der aber sicher aktiver ist als er und der mit uns auf Reisen geht und die Welt sieht. Wenigstens das, was bis dahin noch von ihr übrig ist ...
Léannah liest ihren expressionistischen Text vor: „Ich bin in der Schule, aber es ist nicht meine Schule. Also suche ich lang, bis ich weiß, durch welche Tür ich gehen muss. Die Türen sind wie Schlünde, aufgerissen und fürchterlich. Aus ihnen quillt Schleim, und ich weiß: Da muss ich durch! Wenn ich eine Chance haben will, muss ich mich für eine der Türen entscheiden. Klebrig vom Schleim betrete ich den Raum, aber da ist kein Sauerstoff im Raum, und je mehr ich zu Atem zu kommen versuche, umso verklebter sind meine Lungen, umso heftiger sauge ich die Luft ein, die mich schließlich tötet!!! Fertig." Léannah vibriert im Nachhall gut getaner Arbeit. Äh, war das jetzt expressionistisch?
Berisha hebt die düsteren Worte hervor und erwähnt den starken, mutigen Schluss. Er findet es immer mutig, konsequent zu schreiben. Aber von Konsequenzen sprechen auch meine Eltern, wenn sie meinen, mich in ihre Richtung di-

rigieren zu müssen. Ich merke, wie mich meine Gedanken aufwühlen. Berishas Blick zeigt mir, dass er mich nicht bedrängen wird. In der Schreib-Insel bedrängt er niemanden, lässt uns immer selbst entscheiden, ob wir vorlesen wollen oder nicht.

Eelamaran sagt, er habe etwas geschrieben vom Tag im Berufsbildungszentrum: „Die Stufen sind endlos, endlos. Sie führen hinauf, aber der Schwindel in meinem Kopf sagt mir: Ich steige auf direktem Weg in die Hölle hinab. Die Füße zu heben wird mit jedem Schritt schwerer, ich trage Blei an meinen Sohlen. Dann werden die Steinstufen plötzlich weich wie Sand und ich drohe darin zu versinken. Treibsand – denke ich noch – und gehe unter. Das Letzte, was meine Augen hoch oben über dem Torbogen des Eingangs des Berufsbildungszentrums sehen, ist: ...rum."

Ohne Schnuppern bekommst du heute keinen Job. Du musst schnuppern, wenn du eine Chance haben willst auf dem Arbeitsmarkt. Kein Wunder, dass wir alle vom selben schreiben: dem Horror, jetzt plötzlich unseren Platz im Leben selbst bestimmen zu müssen, wie mein Vater dazu sagt. Kein Wunder, dass wir neidisch auf die Erfolge der anderen blicken.

Ich bin doch erst vierzehn! Was weiß ich, was ich mein Leben lang machen will! Meine Oma sagt, früher hätte man den jungen Leuten mehr Zeit gelassen. Ich glaube, sie sagt das, um meinen Vater zu ärgern. Berisha sagt, wir sollen etwas suchen, das uns interessiert, damit wir wissen, dass unser Leben vorangeht und wir daran teilhaben können, wie es weitergeht. Alles andere mache null Sinn.

Für mich macht null Sinn, das Vertraute überhaupt zu verlassen.

„... Der Wind flüstert über die Ebene, wo nichts mehr ist. Kein Haus. Kein Land. Kein Staat. Kein Traktor, kein Pferd, kein Mensch, nur – einsam und zurückgelassen – ich."

Das war Nico. Diese expressionistischen Texte helfen nicht gerade dabei, dem Leben Glanz zu verleihen. Puh.
„Märchen? Lust darauf, Märchen neu zu interpretieren, ja?" Berisha erklärt uns etwas über die Struktur von Märchen und ich spüre, dass er sich schon jetzt auf unsere Texte freut. Er fasst für uns Schneewittchen neu zusammen, indem er von einer Königin spricht, die ihr Reich beschützen will vor einem Wesen, das weiß wie Schnee, mit Lippen so rot wie Blut und Haaren so schwarz wie die Nacht in einem Sarg schläft. Und das von den Toten erweckt wird von einem Prinzen, der ganz offensichtlich nekrophil ist. Das Wort erklärt er so: Nekrophil ist jemand, der eine Vorliebe für alles Tote hat. „Ein *Toten*lieber also?", flüstert mir Dennis zu. Hübsch, aber nervig ist er. Berisha fordert uns auf, ein Märchen auszuwählen, das wir gut in Erinnerung haben, und einmal genau hinzuschauen, auf welche neue Art es erzählt werden könnte. „Interpretiert es neu, so wie ihr es verstanden wissen wollt!"
Die meisten nehmen das Märchen von Rotkäppchen und dem Wolf. Ich schreibe, aber ich werde nicht vorlesen. Das ist mir noch immer zu düster. Ich schreibe auch nicht viel, nur dies: „Und dann ging Rotkäppchen erneut in den Wald und fraß den Wolf." Zu mehr bin ich momentan nicht imstande. Ich blicke mich im Klassenzimmer um. Die gesenkten Köpfe, die tippenden Finger, ein oder zwei mit dem Kugelschreiber auf Papier. Für den Rest der letzten Viertelstunde schaue ich aus dem Fenster und versuche zu erfassen, was Liv dort draußen sieht. Sind wir Verlorene? Dieser Gedanke schnürt mir für einen Moment die Kehle zu. Ich wünschte, ich hätte etwas, das unabdingbar zu mir gehört, wie Liv ihren Eddie oder Flora ihre Musik.
Endlich läutet es zur großen Pause und Berisha packt die Croissants aus. Er hat die Wette verloren, denn wir alle haben letzte Woche nicht eine einzige Hausaufgabe vergessen oder

zu spät abgegeben, also füllt er die Pausenschale für die große Pause mit fettigen, buttrigen, schmalzigen, knusprigen Croissants – geht doch. Nico schimpft über seinen Bärenhunger, Samuele isst schon und Flora stürzt sich nach vorn, als Finn ihr ein Bein stellt. Zum Glück hat das Berisha nicht gesehen. Ich mach ihr ein Zeichen, das besagen will: Lass ihn! Sie schnappt sich zwei Croissants und kommt damit zu mir zurück. Wir halten immer zusammen. Flora und ich gegen den Rest der Welt. Und Blerta ist wie unsere große weise Schwester. Zu dritt essen wir und schweigen.

Ich kann nicht anders, meine Gedanken zerren mich schon wieder nach Hause. Mein Vater hat letzte Woche so seltsam nach dem Deutschunterricht gefragt, und meine Mutter kam in ihre blöde Verteidigungshaltung. Es kann ja niemand was dafür, dass unser Lehrer eine Schreib-Insel organisiert hat und der Lehrer meines Bruders damals nicht. Und auf dem Gymnasium büffelt der garantiert keinen Dadaismus voller Wurm! Sturm! Glurm!

Es stört mich, dass mein Vater findet, wir müssten möglichst häufig dasselbe machen, mein Bruder und ich. Wir erleben die Welt doch ohnehin total verschieden. Ich will keine praktische Tochter sein. Von der Schreib-Insel werde ich zu Hause also nichts mehr erzählen.

Als ich das Flora sage, sagt sie zu mir: „Meinem Vater werde ich diese Texte ganz bestimmt nicht zeigen! Der killt mich, wenn der das liest. Der glaubt das dann doch alles und meint, ich spinne."

Wo sie recht hat, hat sie recht.

Aber ganz so schlimm, wie wir das alle in unseren expressionistischen Texten heute ausgeführt haben, wird das schon nicht werden.

Oder doch? Eelamaran?

Schreib-Insel: Märchen vom einsamen grauen Wolf (Teil 1)

Es war einmal ein Wolf, in dem war es sehr, sehr dunkel. Nicht nur, dass sich seine Sicht getrübt hatte, er war fast blind, auch sein Geruchssinn war ihm abhandengekommen, irgendwo auf dem Weg. Vielleicht hat er zu viel geschnüffelt. Aber als er noch hätte aufhören können, war er zu jung und dumm. Und als er aufhören wollte, hatte sich seine Nase bereits ans Schnüffeln gewöhnt. Sie war ganz grau.
Wie gerne wäre er mit seinem Wolfsrudel als einer unter vielen umhergetollt, wäre mit den anderen über Wiesen gerannt und über Klippen gesprungen, um, wie sie, sicher auf der anderen Seite zu landen. Aber nicht so unser grauer Wolf. Immer, wenn die anderen umhertollten, sprangen und rannten, hielt ihn etwas zurück. Während die anderen ihre Wolfsgehirne frei hatten für Zahlen, die großen und die schmalen Diagonalen, war sein Hirn besetzt, er war der Outsider – sie blieben die Normalen. Also verzog er sich in den Wald und je dunkler es im Wald war, umso dunkler wurde es auch in ihm. So glitt die Nacht in ihn wie ein dünner Rauch, in seinen Kopf, seine Glieder, seinen Bauch.
Es war einmal ein Wolf, in dem war es sehr, sehr dunkel. Er fristete seine Tage allein und er wäre wohl der Welt abhandengekommen, wenn er nicht plötzlich
Samuele Rossi (ich bin nicht fertig geworden mit der Geschichte, scusa, Herr Berisha)

Schreib-Insel: Autobiographische Miniatur – Ich als Haus

Als Haus bin ich klein und kompakt. Die Materialien, aus denen ich gefertigt bin, sind recyclebar.
In mir gibt es Platz für große Träume. Ich bin ein sicheres Daheim.
Blerta Cara

Samuele Rossi

„Eelamaran?"
Ich warte. „Eelamaran!" Ich horche. „Mensch, Maran!" Wo ist der schon wieder? „Na, dann eben nicht", sage ich. Springe halt ich für Eelamaran ein.
Ich bin Samuele Rossi. Ich bin der, der früher Eishockey gespielt hat – als das noch mein Hobby war und Finn noch nicht so ein Idiot und die Mädchen noch nicht alle so überaus fleißig und unsere Lehrerinnen und Lehrer noch keine solchen Peitschen knallenden Antreiber waren. Ich bin der, der eine Gang hat, wie die anderen sagen. Ich bin der, der ganz bestimmt zum weltallergrößten Verlierer wird, ich bin dazu bestimmt, der Verlierer zu sein.
Und als ob sich die anderen von meinem Versagen abwenden wollten, drehen sie mir in der Pause den Rücken zu. Kein Wunder, dass ich bei meinen Amici von der Parallelklasse rumhänge!
Nicht mal Eelamaran kommt, wenn ich ihn rufe.
Aber ich bin zu schnell. Ich spule noch einmal zurück.

Die Geschichte beginnt da, wo ich die Aufnahmeprüfung verhaue. Oder nein: Die Geschichte beginnt da, wo ich mein Ergebnis mit der Registraturnummer online abrufe. Nein. Moment.
Die Geschichte beginnt da, wo mich meine Eltern überhaupt zu dieser Scheißgymiprüfung anmelden.
Oder wieder: Nein. Die Geschichte beginnt bei meiner Geburt. Drittes von fünf Kindern. Doppelsandwich und ich in der Mitte. Von den Mittleren behauptet man ja, die würden

übersehen. Ich bin Samuele, der Übersehene. Der von Gott Erbetene – wenn man dem Online-Namenslexikon glaubt. Aber meine Eltern haben das ganz bestimmt nicht im Internet nachgeschlagen, als meine Mutter mit mir schwanger war. Scusa, Mammina, aber ich glaube eher, du hast das Nächstbeste genommen, als ich zur Welt gekommen bin, den Namen deines Onkels, del fratello di tuo papà.
Na ja, lieber das Nächstbeste als das Nächstschlechteste, vero?
Die Geschichte beginnt also da, wo ich den Namen eines anderen erhalte, in Ermangelung einer eigenen Identität.
Ich bin der, der wiedergutmachen soll, was andere verkackt haben.
Ich bin der, der's richten soll.
Übrigens: Elodie hat mich geküsst bei Tekkies Party. Wie eine Nymphe entstieg sie dem dampfenden Swimmingpool, kam auf mich zugeschritten mit ihren kilometerlangen Beinen, ihrem universallangen roten Haar ...
Scherzo! Reingefallen!
Berisha nennt das den „Unzuverlässigen Erzähler". Aber so, wie meine Finger über deine Nackenlinie fuhren unter deinem nassen Haar, Elodie ... war das nicht die Wahrheit zwischen uns, eh?
Ich bin ein unzuverlässiger Erzähler. Das denken doch alle von mir? Auf meine Worte ist kein Verlass.
Ich bin der, der in der Hartholz-Aue zwischen den grauen feuchtschimmernden Stämmen hindurchschaut, nach draußen blinzelt ins Licht, der zufrieden ist, wenn er seine Augen an etwas dranhängen kann, das ihm gefällt.
Ich bin der, der fällt.
Zu verwirrend für die jugendliche Welt?
Das will ich nicht, das Leben für uns Jugendliche ist verwirrend genug.

Nur Mut!
Ich weiß, wovon ich rede. Ich war auch mal da.

Also. Die Prüfung ging den Bach hinunter. Meine Eltern waren stinksauer, meine Mutter enttäuscht. Ich hätte der Erste sein sollen, der's schafft. Wozu sind wir denn in die Schweiz gekommen, vero? Wozu haben wir den ganzen sonnigen Süden Süden sein lassen und sind ab nach Norden? Bruder Nummer eins arbeitet auf dem Bau. Bruder Nummer zwei arbeitet auf dem Bau. Mein Vater: arbeitet auf dem Bau. Ich weiß genau, wie die reagiert haben, als sie von Tekkies Vater hörten. Das war ja überall in den Medien. Baugigant! Entlarvt als Betrüger! Eine Monstrosität im Megaformat. Der hat ja offenbar gestanden. Für meine Eltern ist schon lang klar, dass die Reichen nur deshalb reich sind, weil sie bescheißen. Ich? Ich schauderte, als ich seine Begründung in der Zeitung las: Der aufwändige Lebensstil seiner Familie hätte ihn dazu gezwungen. Als ob seine Frau und sein Sohn oder der demente Köter daran Schuld trügen, dass er seine Firma, seine eigenen Leute betrog. Feige Sau, dieser Signor Lax. Cazzo.
Armer Tekkie, vero. Aber wie ich das sehe, ist alles wie immer, seine Freunde halten zu ihm, nichts ändert sich, die halten an ihrer Freundschaft zu ihm fest. Nichts extra machen, das war das Motto von Tag eins seit der neuen Zählung.

Aber ich war bei meinen Eltern. Also weiter im Text: Mit der Bekanntgabe der Resultate der Aufnahmeprüfung ist offensichtlich etwas in ihnen zerbrochen. Die Hoffnung, dass der von Gott Erbetene es richten könnte.
Und was heißt das nun für mich? Bin ich dazu verdammt, wenn ich etwas erreichen will, kriminell zu werden? Ein Teil meiner Klasse schaut mich scheel an, wenn ich vape.

Wenn ich gifte, snuse. Bene. Meine Kumpels finde ich auch anderswo. Ich sag nur: Parallelklasse.
Amici vom Feinsten. Migliori Amici.
Wenn ich mein extrem starkes Snus unter meine Oberlippe schiebe .... und warte, bis die Wirkung reinhaut ... Bin. Ich. Glücklich.
Ich bin so glücklich, so glücklich, dass ich – ich – Berisha sagt, das mit den Spontanreimen sei eine Stärke von mir. Ein Stilmittel, das mir als natürliche Ressource gegeben sei. Und: Ich hätte einen erstaunlichen Wortschatz. Überhaupt sei ich: sein Schatz.
Scherzo.

Die Geschichte beginnt da, wo ich zum Schulsozialarbeiter Uhlmann gehe. Online hat er mir einen Termin verpasst. Und hier sitze ich nun.
Was wir alle grad durchmachen, nennt Uhlmann die erste soziale Katastrophe und schaut mich an. Die Teilung des Flusses. Die einen ins Töpfchen, die anderen ins Kröpfchen – noch so ein Märchen, neu interpretiert. Ich nicke: Aha. Als er fragt, antworte ich: „Meine Eltern sagen, ich soll nächstes Jahr noch mal zur Prüfung gehen." Meine Eltern wissen nicht um meine Resultate, sie wissen nicht, wie sehr ich meine Zukunft in den Sand gesetzt habe. Meine Lehrer sehen jede Note.
„So kenn ich dich gar nicht. Deutsch? Ungenügend? Du, Samuele?"
„Es ist mir scheißegal", antworte ich. Ich weiß, dass Uhlmann sich nicht drüber aufregt, wenn ich fluche. Das ist für ihn nicht der Rede wert. Deutsch ist mein Fach.
Für meine Eltern bin ich der Übersetzer numero uno. Und wenn meine älteren Brüder irgendwelche Scheißarbeitslosenformulare ausfüllen und Pissbewerbungsschreiben verfassen müssen, kommen sie immer noch zu mir angerannt,

alle beide. Wenn da noch einer behauptet, ich habe verkackt –!
Ich platziere meine Füße auf dem Schemel gegenüber. Uhlmanns Blick streift mich nur. Ich nehme die Füße wieder weg und stelle sie auf den Boden. „Warum haben Sie hier eigentlich keine coolere Sitzgelegenheit?", schimpfe ich. Aber nur halblaut.
Uhlmann atmet ein und aus. „Hast du das absichtlich gemacht oder warst du irgendwie schräg drauf an dem Tag? Ich meine: Pronomenfehler? Du?"
„Keine Ahnung."
„Willst du denn ins Gymi?"
„Mir egal. Nein. Eigentlich will ich was mit Autos."
„Was mit Autos?"
„Fanculo – kann ich wenigstens hier so reden, wie's mir passt?"
Uhlmann hebt die Augenbrauen.
„In Ihrer Brust schlägt wohl heimlich ein Lehrerherz, was?" Aber er atmet ruhig einmal ein und aus. Er weiß, dass Deutsch nicht mein Schmerzthema ist. Überhaupt sind meine schulischen Leistungen voll im Rahmen. Sprachlich bin ich vermutlich allen gewachsen, etwas, von dem Berisha sagte, könne uns niemand mehr nehmen: die Bereitschaft, uns auszudrücken. Danke, Monsignore Berisha. Amen.
„Schulsozialarbeiter will ich freilich nicht ...", Uhlmann kneift den Mund schräg zusammen, ich ergänze: „... werden." Ich grinse und überlege einen Moment, ob er mit mir tatsächlich über meine berufliche Zukunft reden will. Und weshalb ich ausgerechnet bei ihm so respektlos bin.
So bin ich gar nicht. Ich bin der unzuverlässige Er-
„Nun mal kurz ernsthaft, Samuele. Ich habe neue Beschwerden bekommen. Deine Fachlehrerin hat dich einmal mehr beim Snusen auf dem Pausenhof erwischt. Du weißt, dass diese Schule das nicht duldet."

Er sagt *diese Schule*. Als ob er sich selbst von dieser Regel distanziere. Als ob er mich davon distanzieren müsste – denn da gibt es andere! Ich sag nur: Finn.
Aber zu Finn schaut keiner hin. Also weiter.
„Ist doch blöd, oder? Noch ein Formular mit einer Gebotsüberschreitung und der Schulleiter wird informiert. Und dann musst du das deinen Eltern übersetzen."
„Was ist, das ist", konstatiere ich möglichst unbeeindruckt.
Ich weiß, dass unser Schulsozialarbeiter den Auftrag hat, uns ein bisschen Realitätsvermittlung zu verschaffen. Pragmatisch mit unserer Mithilfe zu entscheiden, was nun mal nötig ist und wo wir unseren Freiraum behalten dürfen. Aber mal ehrlich: Finden die Erwachsenen die Welt, die sie uns hinterlassen, gut? Davvero? Was kann mir Uhlmann schon vermitteln! Lässig lege ich meine Füße doch auf den Schemel. Uhlmann zuckt mit keiner Wimper.
„Ich kann es akzeptieren", sage ich, „aber ich kann es nicht verstehen. Snus macht mich doch nicht zu einer Bedrohung – wir wissen alle, was Drogen sind und was nicht. Snus bringt mich einfach runter, wenn ich es nötig hab."
„Es sind Regeln, Samuele. Es ist keine Weltreligion."
„Eben. Sag ich doch."
Ich sehe, wie er überlegt. „Also, du sagst mir hier, dass du etwas brauchst, um runterzukommen, verstehe ich das richtig?"
„*Verstehe ich das richtig*", ahme ich ihn nach. „Mann! Sie alle bauen da so einen Druck auf! Wir Jugendlichen haben doch einfach unsere eigene Art, mit dem umzugehen. Gymiprüfung, Berufswahl, Lebensplanung! Die einen bauschen sich auf, so wie fanculo Finn, die anderen macht das völlig fertig. Schauen Sie sich mal Eelamaran an – den sollten Sie vielleicht mal zu sich einbestellen. Oder Matus! Wenn einer ein einsamer trauriger dunkler Wolf ist, dann er!"

Ohne zu wissen, warum, greife ich mir das Kartendeck, das auf dem Tischchen vor mir liegt. Ich fächere ein Blatt auf. Mische das Deck neu. Fächere auf und halte ihm den Fächer vors Gesicht.

Er kennt das Spiel. Er zieht eine Karte, tippt sie mit dem Zeigefinger zweimal an und bedeutet mir damit, dass er sie sich merkt. Dann steckt er sie zurück ins Deck.

Ich mische, er hebt ab, ich mische neu. Dann zähle ich die Karten stumm vor ihm auf den Tisch ab bis zu der einen. Er lacht lautlos und lehnt sich zurück.

Pik-König. Saubere Wahl, denke ich. Und: Ich treff immer. Zwei, drei Kartentricks beherrsche ich schon blind.

„Berisha hat mir gesagt, dass du sehr gute Texte schreibst in der Schreib-Insel."

Ich schaue ihn an mit einem Pokerface.

„Berisha will das Experiment noch weiterführen. ‚Freies Schreiben – schreib dich frei', sagt er dazu, mit allem, was ihr in der Schreib-Insel gelernt habt. Könnte dir gefallen."

„Ich find's fantastico, wenn wir unsere Gefühle auf Papier festhalten dürfen."

Uhlmann nickt und überhört meinen Sarkasmus.

„Auch wenn das nichts mit meinem Berufswunsch zu tun hat", dopple ich also nach. Nun schaut er mich interessiert an. Ich spiele mit den Karten.

Er prüft sein Handy, das gepiept hat. „Ja", sagt er, „dann."

„Was ist jetzt mit meiner schriftlichen Abmahnung?"

Uhlmann hebt die Schultern und lässt sie sacken. „Sag du es mir. Was hast du vor?"

Ich stehe auf, lege im Aufstehen das Kartendeck, Farbe nach oben, auf den Tisch. Demonstrativ prüfe ich vor Uhlmanns Augen das Metalldöschen mit den Snus-Beutelchen, die darin sternförmig angeordnet auf mich warten. Uhlmann beobachtet mich nicht, absichtlich.

Als ich im Türrahmen stehe, provoziere ich ihn doch noch einmal: „Scusa, Signore Uhlmann. Ich muss da noch ein paar Laufgeschäfte erledigen." Ich sehe, wie er seinen Rücken strafft. Dann legt sich etwas Stilles in seinen Blick und ich fühle mich plötzlich sehr bedürftig – und allein. Er sagt: „Alle haben Angst, Samuele, jeder hat Angst. Du musst dich nicht jetzt sofort entscheiden."
Sein Blick fällt nun doch auf das Kartendeck, das ich auf dem Tisch für ihn präpariert habe. Er schaut, liest meine Nachricht aus der obersten Karte heraus. Er schmunzelt und ich entspanne mich, aber ohne es zu zeigen.
Als ich schon durch die Tür bin, drehe ich mich noch einmal zu ihm um. „Verkauf von Automobilteilen", sag ich und klopfe mit dem Finger zweimal an den Türrahmen wie er vorher auf die Karte. Uhlmann nickt und kann dabei das Grinsen nicht verhindern, die Erlösung, die in seine Gesichtsmuskeln fährt. Er nickt also, ich nicke ebenfalls, aber ich mit bedeutsamem Gesicht zum Kartendeck hin, zur obersten Karte, und dann geh ich nach draußen. Perfekter Bühnenabgang, wie ich finde.

Ich bin ein unzuverlässiger Erzähler, aber ein zuverlässiger Mensch. Ich habe die Prüfung verhaut und meine ganze Familie, tutti e tutte, bis ins siebte Glied ihrer Vorfahren enttäuscht.
Aber auf dem Tisch liegt das Kartendeck, Farbe obenauf.
Ich bin kein begossener Pudel, ich bin nicht nass.
Auf dem Tisch obenauf liegt: Pik-As.

Draußen treffe ich auf Blerta, die zu Uhlmann geht wie zu einer höheren Beschwerdeinstanz. Ich hau sie an: „Eelamaran gesehen?"
„Darf nicht raus heute. Irgendsoein Feiertag bei denen." Sie

schnieft. Dass Blerta ihr Nasenbluten nicht in den Griff bekommt, ist gruselig.
„Bist mal wieder nicht auf dem Laufenden, was? Voll verpeilt, Samuele?"
Ich winke mit dem Snus-Döschen vor ihren Augen rum. Sie schüttelt angepisst den Kopf. „Hast du keinen Respekt vor deinen Eltern? Wenn's einer wie du versaut, dann doch wohl gewollt, oder?"
„Was? Ausgerechnet du kommst mir mit Migrantenfamilien-Tellerwäscher-Mythologie?"
Blerta gehört zu den Supergescheiten. Klar hat sie die Prüfung geschafft. Will aber noch nicht wechseln, dieses Enigma von Weib. Will auch noch die dritte Oberstufe mit uns zu Ende führen und nachher entscheiden, ob Fachmittelschule, Berufsmittelschule oder doch lieber pädagogische Maturitätsschule. Sie ist auf so einem Weltrettertrip, aus ihr wird mal was ganz Großes. Die holte sich den Türöffner im Gegensatz zu den anderen einfach so auf Halde. Wo gibt's das denn? Tekkie sagte gestern zu ihr, dass er auf keinen Fall noch einmal vier Jahre in die Schule wolle und dann fünf Jahre lang studieren. Da hat sie ihn so angeschaut. Fast wie jetzt mich. Aber alle wissen, dass Tekkie in Blerta verknallt ist.
Nur Blerta ignoriert es prominent.
Wie sie auch meinen letzten Kommentar ignoriert und bei der nächsten Glocke zu Uhlmann hinauf ins Zimmer eilt, während ich piano, piano zurück ins Klassenzimmer schlendere. Aber ja, ich mäandere herum ... Gedankensprung! Blerta war damals der ersten Gruppe zugeteilt, die übers Wasser gehen sollte, ich der letzten. Aber: Der unzuverlässige Erzähler hier bin ich. Dagegen hat auch sie keinen Stich. Ich bin unzuverlässig, damals und immer noch. Aber: Welchen Teil meiner Erzählung glaubt man doch?

Schreib-Insel: Autobiographische Miniatur – Ich als Haus

Ich bin ein unscheinbares Haus. Die einen sagen beige zu meiner Farbe und mittelhoch zu meiner Größe. Ich könnte überall hingebaut werden, man merkt es nicht. Aber ich stehe auf einer Waldwiese, die Glockenblumen rund um meine Begrenzung sind gelb und rosa und weiß – obwohl das Farben sind, die die meisten Menschen an ihnen nicht erkennen. Es sind meine Blumen und nur ich weiß, was sie zum Leuchten brauchen. Von außen mag mein Haus minimalistisch scheinen, bedürfnislos und simpel. Aber der Eingang ist ein Labyrinth und nicht viele schaffen den Weg hinein. Wer es aber schafft, der weiß, wie kreativ mein Inneres ist. Wie farbenfroh und wie lebendig.
Léannah Hugentobler

Schreib-Insel: Autobiographische Miniatur – Ich als Haus

Schule ist Scheiße. Kollegen sind Scheiße. Streit zu Hause ist der allergrößte Scheiß, also werde ich einmal ein Spaceshuttle sein mit Platz für einen einzigen Menschen: mich.
Finn Aicher

NEUNTES SCHULJAHR

Léannah Hugentobler

Jetzt sind wir fünf weniger. Jetzt sind wir nur noch neunzehn in Berishas Klasse. Die dritte Sek. Unser letztes gemeinsames Schuljahr. Außer Blerta sind alle, die es geschafft haben, ins Gymi gewechselt, einer sogar auf ein neues Privatgymnasium, das sich protzig Talent-Campus nennt. Wir haben die fünf leeren Tische rausgetragen, das Bücherregal verschoben und dadurch mehr Platz in der Lümmelecke geschaffen. Dort gibt's jetzt immer häufiger Croissants statt Äpfel, weil wir Wette um Wette gewinnen. Nur auf Matus, Samuele und Finn ist nicht immer Verlass. Samuele, weil er sich keinen Deut drum kümmert, was für uns andere wichtig ist, und Finn, weil er Finn ist.
Matus weil, egal.
Drei aus unserer Klasse, Dennis und Nico und eben auch Finn, sitzen nun neu an einem Dreiertisch. Einen der Sechsertische haben wir beibehalten und dafür neu zwei Fünfertische zusammengeschoben.
Ich sitze ganz hinten links, am Tisch mit Elodie, Flora, Eelamaran und Matus. Ich gebe mir Mühe, schreibe mir jeden Sonntagnachmittag zu Hause auf, was ich noch lernen muss, wen ich was fragen muss, wo ich mich weiter anstrengen muss in der kommenden Woche. Meine größte Angst ist, dass ich meine Pläne für die Zukunft nicht werde ausführen können. Dass sich mir etwas in den Weg stellen könnte, ich weiß nicht was. Zum Beispiel könnte ein Elternteil von mir sterben. Oder meine Großmutter, die ist schon sechsundachtzig. Oder ich könnte plötzlich krank werden oder mich schwer verletzen und müsste dann mit dem Kunstturnen aufhören,

oder ich könnte es einfach sonstwie nicht schaffen. Es ist ganz egal, weshalb. Es ist immer möglich, dass etwas dazwischenkommt.

Ich will mich auf jeden Fall um meine Zukunft bemühen. Ich werde viele Bewerbungen schreiben und mir, wo nötig, Hilfe holen. Bei den Formulierungen. Nicht so wie Flora. Deren Wortschatz hat vor Jahren schon das Wachstum eingestellt. Ich ermunter sie immer wieder: „Lern! Du brauchst mehr Wörter!" Ich würde ihr dabei bestimmt helfen, wenn sie fragen würde.

Uhlmann hat gesagt, ich kann vorbeikommen, wenn ich mich wieder nicht überwinden könne, dieses blöde Telefonat zu machen. Ich finde telefonieren schrecklich. Und dazu mit komplett fremden Menschen! Letztes Mal habe ich sogar meinen eigenen Namen gestottert. Der Mann hat dann für die Dauer des Gesprächs Alexandra zu mir gesagt, so sehr bin ich über meinen Namen gestolpert, dass der keine Chance hatte, Léannah zu verstehen.

Ich hab mich gefühlt wie eine Lügnerin.

Was gibt's Blöderes, als einen fremden Erwachsenen berichtigen zu müssen? Ich glaub, da geh ich dann gar nicht hin, falls der mich überhaupt zum Schnuppern einlädt.

Wenn ich keine Lehrstelle finde, bin ich arbeitslos. Soviel ich weiß, ist einer von Samueles Brüdern arbeitslos. In der Beruflichen Orientierung – kurz BO – hat Samuele letztes Mal nicht nur für seine Kollegen aus der Parallelklasse, sondern auch für seinen Bruder Bewerbungsschreiben verfasst. So ein schlechter Mensch ist er nicht. Auch wenn ich finde, dass er einen schlechten Kollegenkreis hat, der keinen so guten Einfluss auf ihn ausübt. Die sind fast alle so von der Parallelklasse, irgendwie krumm drauf. So genau kenne ich die aber auch nicht. Die wirken halt so auf mich, so zerfasert. Egal.

Wo ich auch nicht hingehen werde, ganz sicher nicht, ist das Übungs-Bewerbungsgespräch! Berisha hat es nämlich wieder getan. Obwohl ich dem Uhlmann gesagt habe, er solle ihm sagen, das nicht mehr zu machen, hat Berisha in der letzten BO eine Videoaufnahme meiner Schwester Savannah abgespielt. Wenn er das macht, ein gelungenes Beispiel meiner Schwester zeigen, möchte ich am liebsten im Boden versinken.

Oder im Moor.

Das tröstet mich jetzt grad ein bisschen. Denn die Hartholzauentour, die hatte Berisha im letzten Klassenzug nicht gemacht, zu dem Savannah gehörte. Dieses Abenteuer hat er nur mit unserer Klasse gewagt.

Er soll aber damit aufhören, uns Versionen von Bewerbungsgesprächen vorzuspielen, die aus früheren Klassen stammen, andere Versionen, bessere Versionen von uns selbst. Ich habe sogar Malin sagen hören, dass so was keinerlei pädagogischen Wert habe. Und Flora sagt, sie könne mich verstehen. Auch wenn sie selbst keine Geschwister hat. Flora ist nett. Sie ist zwar beste Freundin mit Elodie, aber wir sind jetzt trotzdem ebenfalls miteinander befreundet. Glaub ich.

In der ersten Sek wäre ich gern eine von Blertas Gruppe gewesen, eine der Top Five. Blerta hat mir imponiert, sie ist so selbstsicher. Wenn sie etwas vorträgt und vorne steht, stützt sie sich mit beiden Händen links und rechts am Stehpult ab. Wie eine Politikerin.

Wer weiß. Vielleicht wird sie das einmal.

Flora ist ein lieber Mensch, wenn auch etwas laut. Sie macht halt gern auf dicke Hose.

Mir tut es leid, was sie zu Hause durchmachen muss.

Meine Mutter sagt, ich müsse mich jetzt auf mich konzentrieren. Ich soll auch nicht zu viel über solche Dinge nachdenken wie Weltkrieg, Atombomben, Dürren und andere menschgemachte Katastrophen. Ich würde sonst mein Leben verpassen. Ich solle lieber rausgehen und mit Freunden Spaß haben, dazu sei die Jugendzeit da. Ich frage mich grad: Wieso muss das einmal aufhören?

Ich habe nicht so viele Freunde wie andere. Eine Freundin oder zwei reichen mir. Besser ein paar wenige gute Freunde als viele schlechte, sag ich mir. Liv sagt auch, ich solle mich nicht verrückt machen. Wir seien jetzt in der dritten Sek, unserem letzten Jahr, das wir als Un-Erwachsene genießen dürfen. Ich weiß nicht, wen ich wählen würde, Liv oder Flora, wenn mich eine von beiden als beste Freundin anfragen würde. Liv geht's wieder besser. Da muss was passiert sein im letzten Sommer, sie ist jetzt viel reifer. Meine Mutter sagt, die Entwicklung in der Pubertät komme in Schüben. Das sei ganz normal, da müsse nicht zwingend was passiert sein. Das sei der Weg der Hormone, der sich reguliere. Savannah hat nur gelacht.
Trotzdem.

Trotzdem. Ich find's schwierig den Weg zu finden, die Balance zwischen Traum und Realität. Wann, wenn nicht jetzt, sollen Menschen ihre Träume träumen? In ihrer Jugendzeit? Ist das nicht auch das, was meine Mutter meint, wenn sie sagt, ich solle mehr Spaß im Leben haben?
Manchmal empfinde ich das als ungerecht. Diese ganze große Berufswelt ist uns doch völlig unbekannt. Wie sollen wir jetzt entscheiden, was wir später mal ein Leben lang machen?
Meine Mutter sagt: Besser was lernen und später umlernen, als nie etwas Rechtes gelernt zu haben. Savannah studiert schon. Psychologie, aber ich finde, sie ist die Falsche dafür. Ich jedenfalls würde nicht unbedingt eine wie Savannah als

Psychologin wollen. Mein Schulsozialarbeiter, Herr Uhlmann, ist ganz anders. Ruhig. Fast still. Er sagt mir nicht, was ich zu tun habe. Ich kann zu ihm, wenn ich wieder meine Störungen bekomme.
Wenn ich Angst habe.
In meiner Parallelklasse gibt's welche, die sagen laut und unverhohlen, sie werden Influencer. Aber das ist nur ein Spruch, nur so dahingesagt, denke ich. Aber es könnte halt auch ein echter Traum sein für die, nicht?

Flora hat mir von mehreren erzählt, denen ein Betrieb bereits eine sichere Lehrstelle versprochen habe, obwohl das gemäß Berisha gar nicht erlaubt ist. Gentleman's Agreement, klärte uns Dennis auf. Eine lose Vereinbarung zwischen Schule und Gewerbe, um uns nicht allzu sehr in Konkurrenzstress zu bringen. Der Horror ist ja so schon groß genug.
Ich kann nicht genau sagen, was ich machen will. Ich habe so ein Gefühl, dass ich gern einmal Teil von etwas Größerem wäre, von etwas, das über mein jetziges Leben von Schule, Kunstturnen, Streit mit meiner Schwester hinausreicht. Etwas, das auch nichts mit Markenschuhen zu tun hat oder mit dem richtigen Make-up, der angesagten Frisur. Dem richtigen Turndress.
Etwas – das nur mit mir zu tun hat. Etwas für mich. Wie ein eigenes Feld, das nur mir gehört. Das ist jetzt bildlich gesprochen, als Metapher sozusagen. Da ist so eine Sehnsucht in mir, die wünscht sich nichts mehr, als gesehen zu werden. Als etwas, das ganz ich bin. Manchmal, wenn ich die verschiedenen Sprungdisziplinen übe, stell ich mir vor, dass jemand in den Rängen sitzt und mich beobachtet. Und dann, wenn ich zurück an meinen Platz schlendere, so stelle ich mir vor, ist dieser Jemand schon da und sagt mir, ich hätte ein ganz außergewöhnliches Talent. Er würde gerne eine Show mit

mir einstudieren, eine, die offenbar nur ich kann, oder zu einem ganz besonderen Wettkampf gehen mit mir ...
Ich glaube, vor ein paar Jahren, oder konkret: in der ersten Sek, wenn ich da mein Kunstturnen nicht gehabt hätte, ich wäre erstickt.
Meinen Eltern bin ich dankbar, dass sie mir das ermöglichen.
Das Turnen befreit mich. In unserem Schulhaus gibt's ja gut zwei Dutzend Schülerinnen und Schüler, auf verschiedene Klassen verteilt, die Sport machen. Leichtathletik. Kunstturnen. Oder Eishockey die meisten. Wir alle trainieren dreimal am Morgen und viermal am Abend. Je nach Sportart und Alter trainieren wir zwischen fünfzehn und dreißig Stunden pro Woche neben dem normalen Unterricht.
An Trainingstagen darf ich um zehn Uhr morgens in die Schule, weil ich vorher Sport hab, und abends ab sechs hab ich wieder Sport. Plus Wettkampfbelastung. Plus schulische Lernziele. Ich bin nicht die Einzige, die zusätzlich Privatunterricht bekommt, damit ich die Lernziele erreiche.
Ich war so scheu in der ersten Sek. So unerträglich ängstlich. Immer, wenn ich aufgerufen wurde. Reden – nein. Antwort geben? Bitte bloß nicht ich. Nur turnen konnte ich. Das ging schon immer gut.
Berisha hat das gemerkt und mich in Ruhe gelassen im ersten Jahr. Damals war er entspannter. Obwohl, im ersten Moment hatte ich schon das Gefühl, dass er von mir enttäuscht sei, dass er mehr von mir erwartet hätte, als Savannahs kleinere Schwester. Aber dann hat er sich auf mich eingestimmt. Berisha hat eigentlich immer wieder schöne Sachen mit uns gemacht. Die wichtigste war die Erfahrung im Moor.
Irgendwann hat er aufgehört, an uns zu glauben. Oder: mit uns an unsere Träume zu glauben. Wie soll ich das sagen, ich habe einfach den Eindruck, die Schulleitung will von ihm, dass er uns den Ernst des Lebens beibringt. Seither macht er Druck.

Auch der Uhlmann tut gewichtig, wenn's um die Berufswahl geht. Sonst aber war ich nur einmal bei ihm. Wegen meiner Störungen. Meine Mutter fand, ich müsse ihn informieren. Eine peinlichere Situation habe ich in meinem ganzen Leben noch nie erlebt. Ich habe meine Ärmel hochgezogen ... ehrlich, ich hab mich gefühlt, als müsste ich vor ihm strippen. Er hat nur kurz geschaut. Anständig halt. Aber informieren lassen musste er sich.

Er und Berisha haben dann keine große Sache draus gemacht. Uhlmann hat einfach mit mir besprochen, ob es mir lieber sei, dass das jetzt alle wissen und sehen oder ob ich vielleicht zum Selbstschutz eine Weile lang mit langärmliger Kleidung in die Schule, auch in den Sport, gehen wolle. Darüber hatte ich mir natürlich schon selbst Gedanken gemacht.

Ich wählte langärmlig. Bis die schlimmsten Schnitte verheilt waren.

Heute hab ich das Gefühl wieder. Dass ich mich verstecken möchte. Weite Kleider. Pulli mit meterlangen Ärmeln. Kappe oder Hut. Damit mich niemand sieht. Ich weiß, das ist jetzt ein Widerspruch zu dem, was ich vorhin gesagt habe, dass man mich sehen soll.

Ich finde das selbst ja auch irritierend.

Aber ich glaub, Berisha hat das gemerkt.

Ich müsste mich schon sehr täuschen, wenn er noch einmal ein Savannahbeispiel in unserem BO-Unterricht bringt.

Ich hoffe es nicht.

Berisha: „Text, Text, Text!"

Ich habe wohl meine Zeit verträumt. Hat er uns einen Auftrag gegeben?

Berisha feuert uns an wie ein Trainer an der Seitenlinie.

Weil ich weiß, dass er mich nicht ungewollt auffordern wird vorzulesen, schreibe ich einfach, was mir in den Kopf kommt.

Ich schreibe über das Schreiben. In der Schreib-Insel hab ich rausgefunden, dass das Schreiben mir gefällt. Und dass ich etwas zu sagen habe. Argumente, richtige. Dass ich schreibend denken kann und dass diese Denkprozesse zu Resultaten führen. Wenn ich den Mund auftun muss, fehlen sie mir meist, die Worte. Oder sie fallen mir erst später ein, wenn's schon vorbei ist, was immer mich herausgefordert hat. Egal.
Ich weiß schon auch, dass ich nicht wie eine Schriftstellerin schreibe, das ist gar nicht das Ziel. Aber die Schreib-Insel hat es mir ermöglicht, freiwillig die Hand zu heben, mich im Unterricht zu melden. Und in der Gewissheit, in Ruhe gelassen zu werden, es nicht zu tun.
Berisha sagt ja immer: „Ihr müsst nichts werden, aber ihr müsst etwas tun, das euch gefällt."
Meine Mutter findet's gut, dass ich mich mehr einbringe. Sie bestärkt mich. Sie unterstützt mich eigentlich immer, wo sie kann, und ermuntert mich, meinen Weg zu gehen.
Das erinnert mich an die Metaphern, die wir getextet haben. Eine meiner liebsten war:
„Angst ist wie ein Räuber, der dir die Schuhe, Kleider und auch den Hut wegstiehlt, damit du nackt bist und dich ohne Schutz auf den Weg machen musst, wo du dir deine Kleider einzeln zurückverdienst."
Na ja. Ist vielleicht nicht super literarisch. Aber meiner Mutter gefiel dieses Sprachbild gut. Sie hat's an die Kühlschranktür geklebt. Sie habe nicht gewusst, hat sie gesagt, dass ich Metaphern texten kann.
Also. Nochmal so was, was ich dem Berisha zu verdanken habe, nebst dem Gang durchs Feuchtgebiet.

Wenn ich es recht bedenke, ist mein Leben gut.
Ich sollte mir halt nicht so viele Sorgen machen.

Flora schmeißt bald eine Waldparty. Sie habe auch Finn dazu eingeladen und er komme, les ich auf dem entknüllten Zettel. Ich würde gerne einen Jungen aus unserer Parallelklasse fragen, ob er kommt. (Seinen Namen schreibe ich nur in Klammern und von hinten nach vorn: Ecirtap – was für ein schöner Klang!)
Flora weiß das. Sie flüstert: „Mach's einfach, geh in der nächsten Pause zu ihm und lad ihn ein."
Ich flüstere: „Ich kann nicht, ich habe zu viel Angst."
Flora pustet in perfektem Bühnenflüstern: „Du schaffst das, ich glaube an dich."
Ich presse die Lippen fest zusammen.
Flora flüstert viel zu laut jetzt: „Ey, das ist doch was Schönes, wenn man eingeladen wird. Der freut sich bestimmt!"
„chwll abrnich nrvig erschein'", zerdrücke ich zwischen meinen Zähnen.
„*Tust du doch nicht. Du bringst ihm einfach eine Einladung rüber, da kann er immer noch ja oder nein sagen*", steht auf dem neuen Zettelchen.
„*Und wenn der meint, ich stalke ihn?*", schreib ich ihr zurück.
„*Einladen ist nicht stalken, Baby.*"
„Ich will aber nicht, dass er Nein sagt."
„Das ist doch shit as wurscht. Wichtig ist, dass du die Dinge machst, auf die du Bock hast. Ein Nein ist kein Weltuntergang oder hast du keine Eier?"
„Doch. Hab ich. Aber ..."
Berisha pfeift durch die Zähne.
Peinlich.
Matus sagt: „Jetzt verlieren wir wegen euch diese Wette!"
Berisha antwortet: „Ich hab mir schon gedacht, dass ihr keine Stunde durchhaltet und ohne Nebengespräche zuhören könnt. Also mach ich's kurz und knackig: Nächste Woche finden die Übungs-Bewerbungsgespräche statt mit dem Schau-

spieler. Und danach geht ihr zum Berufswahl-Parcours. Hier habt ihr die Faltprospekte. Macht was draus! Nächste Woche gibt es wieder Äpfel."

„Hei, Patrice?"
Seine braunen Augen werfen mich um. Er sagt: „Hm?"
Ich schiebe Flora mit der Hand etwas zurück, damit es nicht allzu auffällig wirkt, dass sie mitgekommen ist.
„Flora macht eine Waldparty und ich wollte dich fragen, ob du k-kannst?" Mist, ich stolpere über meine Sprache. „Also, ob du auch kommen kannst? Am Freitag?"
Ich glaube, seine Kollegen verdrehen die Augen, aber ich kann jetzt nicht woanders hinsehen als in seinen hellen goldbraunen Blick.
„Äh", sagt er, „darf ich meine Jungs mitbringen?"
Seine Kollegen lachen und das katapultiert mich aus dem Traum, den ich so krampfhaft lebendig halten will. Flora drückt mir die Hand. Ich sage: „Ja, klar, gell, Flora?"
„Ist noch Platz", sie kaut dabei schmatzend Kaugummi mit offenem Mund, „passt schon."
„Fein", sagt er, aber dabei schaut er jetzt Flora an und nicht mehr mich.
Als sie weg sind, boxt mich Flora in die Schulter: „Gut gemacht! Welt dreht sich noch."

Wo sie recht hat, hat sie recht. Ich lebe noch. Dafür sollte ich dankbar sein.
Anderen geht's nicht so gut wie mir. Nico zum Beispiel. Sein Leben hängt schon bald an einem seidenen Faden.
Nico? Nimmst du diesen Faden auf?

Schreib-Insel: Autobiographische Miniatur „Wo ich sicher und geborgen war"

Wenn ich es mir überlege, einen bestimmten Ort, an dem ich sicher und geborgen war, gab's in meiner Kindheit nie. Aber es gab eine Zeit, und das war der Samstagmorgen. Am Samstagmorgen wusste jeder, was er zu tun hatte. Vater wischte den Hof mit dem Birkenbesen, Mutter putzte all unsere Schuhe, der Knecht machte seine Wäsche und ich war unseren zwei Pferden zugeteilt. Oft durfte ich danach noch reiten. Meist ritt ich durch unseren eigenen Wald und weiter ... Aber die Dinge haben sich verändert.
Nico Meister

Schreib-Insel: Metapher

Ein gutes Zuhause ist ein Pferdehuf-Gummischuh, der sitzt. Es schützt dich und lässt dich leicht und elastisch deiner Wege gehen, und es passt sich dir rundum an wie eine zweite Haut. Egal, welche Gangart du wählst: Dein Gummischuh kommt mit.
Malin Fink

Nico Meister

Mir gehen grad alle tierisch auf den Sack. Berisha behauptet, ich sei abartig faul. Mein Vater schmettert neuerdings Türen, wenn er meint, ich gebe ihm Widerworte, und meine Mutter wendet sich ab. Mich kotzt das so an.
Meine Gamerfreunde sind meine Buddies. Auch wenn Berisha sagt, das sei ein Pleonasmus, soll er sich doch in die Hose machen deshalb. Für mich sind sie meine Familie. Von allen Lehrern ist doch eh er der gestörteste, ein total Bildungsrenitenter, wenn der glaubt, mit Druck komme er irgendwohin.
Mit Druck kommt man nirgendwohin, das hat man ja schon bei meinem Vater gesehen, der Druck der Bank macht ihn kaputt. Druck macht uns alle kaputt, meine ganze Familie. Auch wenn sie's vielleicht gut meinen mit „jeder muss sich einfügen, alle müssen ihren Teil übernehmen ... sich entscheiden, einen Beruf lernen, anpacken, beisteuern" – pah!
Ich weiß schon, was ich mal mach, ich weiß das scheißenochmal schon lange. Ich werde Spiele-App-Entwickler, und ich werd einmal in einem tollen Haus wohnen und einen fetten Wagen fahren quer durch Beverly Hills – das ist doch das, was der hören will, der Berisha! Ich werde Fortnite XYZ auf den Markt bringen und Millionen damit verdienen, hab ich zu ihm gesagt. Und der Arsch hat's geglaubt.
Der glaubt wirklich, dass es mir Ernst damit ist.
Ich weiß schon, wo mein Platz ist. Ab ins Körbchen!
Wenn ich gaaaaaanz viel Glück hab, nehmen sie mich irgendwo für eine einfache Informatiklehre, ICT-Fachmann. Da kann ich dann die Peripherie bedienen. Druckerkabel ein- und ausstecken für Büropersonal, das zu klug dazu ist.

Aber auch das gelingt nur, wenn ich mich ins Zeug werfe.
Und wenn mein Vater mich lässt.
Und Berisha. Der zwingt mich dazu, meine ganzen Stärken noch einmal neu aufzuschreiben. Weil ihm meine Gamerstärken nicht fein genug sind. Rohstoffmanagement, sagt er, hätte ich nämlich nur bei Fortnite im Griff. Hat der eine Ahnung! Suchen, bauen, verstecken; ich sag immer: Es gewinnt, wer bis zuletzt am Leben bleibt.

Floras Freitagsparty also. Was macht's, wenn die halbe Klasse dort versammelt ist? Ich hab meine Buddies, meine Bros. Ein paar von der Parallelklasse sollen ja auch dort sein ...
Kopfhörer auf.
Ich zocke.
Meine Mutter sagt, ich soll Freunde im echten Leben finden. Aber die hat keine Ahnung, wie eng Freundschaften unter uns Gamern sind. Da gibt's keine Grenzen, und schon gar keine Landesgrenzen – wenn man mich fragt, ist Gamen eine Art Paradies.
Doch, ein Paradies! Ein Ort, an dem sich Gleichgesinnte finden und zusammentun. Wir schaden niemandem, wenn wir zocken. Wir haben nur Spaß.
Das ist doch, was dieser ganzen beschissenen Welt fehlt: echter, verkackter Spaß.
Ich frag mich, ob die jetzt grad Spaß haben da draußen in der Waldhütte. Wer in diesem Moment sein Gesicht verzieht, weil er lacht ... über mich lacht, weil er findet, ich sei ein Verlierer, armer Bauer, Depp.
Ich dreh die Lautstärke auf.
Neuer Battle.

Ich hätte auch gern jemanden gefragt, ob sie mit mir zur Party kommt. Oder sie hätte auch mich fragen können ...,

aber dann hätte ich aus meiner Deckung rausmüssen. Das mach ich nicht.
Ich genieße lieber mein verdientes Alleinsein. Sollen die Vorzeigejugendlichen ihre Partys feiern, sollen sie doch ihre Kompetenzen aufschreiben und ihre Scheißschnupperstellen in die scheißgroße Tabelle eintragen. Ich gewinne Fortnite.
„Nico!"
Was will mein Vater von mir? Hat der seine Wut noch nicht genug rausgebrüllt?
„Nico!"
Ich antworte bestimmt nicht.
„NICO!"
„Komm ja schon."
Mein Vater steht vor meiner Zimmertür, als ich sie öffne. Damit habe ich jetzt nicht gerechnet.
„Was soll ich tun?", frage ich und er zeigt mit einem Nicken nach hinten: „Ist noch nicht gemacht." Mehr bringt er nicht raus. Als sei's eine Schmach für ihn, mit mir reden zu müssen. Oder als hätt er schlicht die Begriffe dazu nicht. Auf einer Schreib-Insel wär der glatt in den Wellen ersoffen, auf die Insel hätt er's gar nicht erst geschafft.
Aber ich versteh schon, was diese vier Worte aussagen: Befehl zum Traktorreinigen. Dem doch wurscht, dass einundzwanzig Uhr vorbei ist und ich bestimmt bis nach zehn Lärm verursachen werde, über den sich die Einfamilienhausbesitzer beim Gemeindepräsidenten beschweren – allen voran Finns Vater. „Die können mich mal kreuzweise", sagt er dann, und: „Ich bin schon länger da." Oder: „Hätten halt nicht so nah an die Landwirtschaftszone bauen sollen, diese Vollpfosten." Oder: „Bildung schützt vor Dummheit nicht." Das sagt auch meine Mutter. Aber wir wissen beide: Mein Vater hat ein Statusproblem.
Kürzlich hat er zu mir gesagt, die sich im Hamsterrad drehen,

glauben auch nur daran, dass sie die Karriereleiter hinaufklettern. Und hat gelacht. So, als wolle er sagen: „Mach dir nichts draus." So zeigt er seine gute Seite. „Wir Meisters sind zwar nicht gebildet, aber wir sind schlau." Noch so ein Spruch von ihm.

Ich zieh also meine Stiefel an und geh nach drüben in die Scheune, wo Vaters Traktor steht. Wie immer starte ich mit der Kabine. Nur einmal, das erste Mal, war ich so dumm, die Kabine zu vergessen. Das hat ein schönes Donnerwetter gegeben, da war nichts mehr für mich mit Bauen und Verstecken, ne. Scheiß drauf. Innen sind die Scheiben staubig, außen verspritzt. Ich beginne zuerst innen mit der Scheibe, wasche sie großzügig mit Wasser und Spiritus. Das löst das Fett. Dann reibe ich sie trocken mit Zeitungspapier. Streifenfrei. Auch die Armaturen wische ich von Staub frei, und aus dem Fußraum klaube ich die leeren PET-Flaschen und Energieriegelpapiere zusammen. Unter dem Traktorsitz finde ich den Schraubenschlüssel, den wir schon eine Weile suchen. Das wird mir bei meinem Vater Punkte bringen. Der Industriestaubsauger mit dem langen Schlauch macht einen Höllenlärm.

So schlimm ist er nicht, denke ich, mein Vater. Man muss ihn halt zu nehmen wissen, wenn's ihn überkommt. Er will seinen Hof nicht verlieren.

Nur manchmal, da frag ich mich, ob das stimmt. Als er das von Tekkies Vater damals hörte, klickte etwas in ihm. So was wie eine Möglichkeit, die sich zeigte, alles los- und hinter sich zu lassen. Auch wenn er, da bin ich mir sicher, nicht an die Folgen dachte. Die Lust, etwas Dummes zu tun, um danach jeglicher Verantwortung und Last enthoben zu sein.

Soviel ich weiß, hat Tekkie seinen Vater noch immer nicht besuchen dürfen. Oder wollen. Aber vielleicht weiß ich auch

nicht alles. Beim Zocken sprechen wir über anderes Zeugs und ganz bestimmt nicht über Eltern.
Oh Mann: Eimer umgeschmissen! Jetzt sind meine Füße nass. Ich brauch dringend neue Stiefel.
Wenn mein Vater seine Traktoren in fremden Betrieben einsetzt, müssen sie ganz besonders gereinigt werden. Den groben Schmutz blase ich dann bei der Außenreinigung mit dem Kompressor weg. Heut lass ich es sein. Der war ja nur auf unserm Feld.
Nun kommt das Beste: Außenbehandlung. Ich schlüpfe in meine Schutzkleidung inklusive Schutzbrille und rücke dem Traktor mit dem Hochdruckreiniger auf die Pelle. Mir gefällt's, wenn das Wasser nach allen Seiten spritzt. Der Lärm macht mir nichts aus. Für mich ist das nicht mal Lärm, es ist einfach laut. Und weil's mich doch wieder nervt, dass ich von meinen Zocker-Bros wegmusste und die jetzt ohne mich Fortnite weiterspielen, blase ich das Restwasser mit dem Laubbläser weg. Ich weiß, dieses Geräusch bringt meine Nachbarn um den Verstand. Tadaa.
Manchmal denke ich, dass mein Vater genau deswegen mittags den Traktor laufen lässt, wenn er reinkommt, einen Happen essen. Autsch – jetzt hab ich mir die Handfläche aufgerissen. Scheißnagel! Wo kommt der denn so plötzlich her? Kann es vielleicht sein, dass ich unkonzentriert bin? Berisha sagt oft, meine Gedanken schwappen hin und her wie in einer Bowle. Das blutet ja. Schmeckt scheußlich. Mist.
Die trinken jetzt sicher Bowle, alle miteinander. Und ich putz hier n' alten Traktor.
Mit dem Wagenheber finde ich den richtigen Punkt, hebe den Traktor an, so dass dieser leicht über dem Boden schwebt und die Gelenke entlastet sind, und dann presse ich das Fett mit dem Schmiernippel in die Gelenke der Vorderachse. Die Pampe sieht aus wie eingekochte Butter. Ich schmiere alle

beweglichen Teile mit der Fettpresse großzügig ab, damit die Gelenke wieder einwandfrei laufen und damit später kein Wasser eindringen kann. Im Ganzen ist das eine ruhige Arbeit. Da treiben meine Gedanken an mir vorbei wie Game-Animationen ... Ich seh meine Zukunft, wie sie nie sein wird. Weil ich eh weiß, dass ich den nötigen Notendurchschnitt nicht erreichen werde. Und weil ich befürchte, dass sich mir mein Vater entgegenstellt. Arbeit mit Computern. Mir kommen immer so Dinge in den Sinn, die andere als nicht realistisch, als bloß geträumt anschauen. Die bewerten mich, ohne mich zu kennen.

Aber wenn es darum geht, man selbst zu sein und nicht jemand anderer, ist es dann nicht so, dass wir alle zuerst unser Verkaufsetikett abnehmen müssen, das, welches uns die Eltern aufgedrückt haben? Um unser eigenes zu finden?

Ich mein, wie bei diesem Traktor hier: Die Angaben über Hubraum, PS, Kilowattstunden, Zugkraft, Drehzahlbereich und Abstufungen, die Angaben, wie viele Hydraulikanschlüsse er vorne oder hinten hat, ob er über eine siebenpolige Steckdose verfügt, ob das Luftdrucksystem als Bremse benutzbar ist – das muss doch alles stimmen, nicht? Das sollte doch keine bloße Fantasie, kein Wunschdenken sein? Wie aber kann ich vernünftig über meinen Wert Auskunft geben? Über mein Können? Meine Stärken – Herr Berisha?

Bin ich denn der Einzige, der Traumberufen nachträumt, die er nie erreichen wird, die von ihm nie erreicht werden können? Der Einzige, der ziellos in einer Leere treibt?

Manchmal denke ich, ich weiß wirklich nicht, wer ich bin.

Vielleicht werden wir allein durch die Wahrnehmung von anderen definiert, Eltern, Lehrern, Heilpädagoginnen, Schulsozialarbeitern, Schulleitern. Und sonst durch niemanden und nichts. Vielleicht sind wir alle programmiert. Im Voraus

festgelegt, was aus uns wird, egal, wie sehr wir zappeln und strampeln.
Vielleicht ist die ganze Welt nur eine einzige beschissene Animation.
Ich wünschte, es wär so. Manchmal wünsch ich mir das. Dann wäre nämlich nicht ich verantwortlich für mein Leben. Autsch. Diese scheißaufgerissene Hand tut weh.

Früher ging ich ja hin und wieder reiten. Mit unserem Pferd Molly bin ich über die abgemähten Wiesen galoppiert, die stoppeligen Felder, einen Sommer lang zusammen mit Malin, die unsere Ellie ritt. Das war, als ich jünger war. Das war, als ich noch frei atmen konnte und ich nicht dauernd in der Schusslinie meines Vaters stand. Als er mich noch nicht wegen jedem Dreck verhackstückt hat. Als ich nicht der Kleine-Er sein musste, der hinter ihm aufwischt, aufräumt, sauber macht. Als ich noch echte Zeit für mich selbst haben durfte.
Ich wechsle die Hand. Da, wo ich über die grüne Farbe poliere, glänzt es, dass ich mich darin spiegeln kann. Wer. Bin. Ich. Hinter mir höre ich Molly schnauben. Ja, früher ritt ich weit raus, manchmal stundenlang, bis an den Horizont meiner eigenen Gedanken ...
Mit einem Mal nehme ich ihren warmen Pferdegeruch wahr. Er dringt mir in die Nase, wie eine Erinnerung. Was wäre, wenn ich unsere alte Molly satteln würde? Wenn ich jetzt in den Sattel steige und in die Nacht hinausreite, weil's so einfach und so schön ist dort?
Molly?

Schreib-Insel: Leipogramm (Verzicht auf o und u)

In lichthellem Tanz schweben wir, in Frieden gehen wir, jede und jeder den eigenen Weg, der im Tanzschritt schwingt. Seligkeit webt sich in die Herzen, weil die Kameradschaft Einsamkeit bezwingt. Wir wandeln Hand in Hand, helle Strahlen im Gesicht. Nirgends ein Schimmer Bassfarbe in Sicht. Gemeinsam erleben wir Wellenberg und Wellental, gehalten im Band der Kameradschaft, das stärkt, ist's gemeinsame Wahl. Die Tage vergehen, die Bilder, sie werden bleiben. Das Lachen wird verklingen, aber in meinem Herzen werd ich weitersingen, wenn ich an die Klasse denke, die ein Geheimnis teilt: Wie sich das Wasser teilt. Lasst alle feiern, das Leben einatmen, uns nicht verlieren in der Angst. Die Welt ist Spielplatz, Glanz. In Kameradschaft liegt Stärke, sie bringt Strahlen in jedes Gesicht.
Malin Fink

Schreib-Insel: Autobiografische Miniatur

Sicherheit. Geborgenheit. Das sind beides sehr schöne Gefühle. Sie fallen auch nicht einfach so vom Himmel, es muss schon rundum stimmen, damit sie sich einstellen.

Als ich klein war, hatte ich keinen eigenen Rückzugsort – ich meine: Mein Rückzugsort war nicht irgendwo, wo ich allein war. Im Gegenteil. Mein kleines Zimmer mied ich, wenn es mir nicht gut ging. (Das große Zimmer bekam ich erst vor einem Jahr, als meine ältere Schwester auszog. Ihre üppigen bunten Vorhänge verdunkeln mir jetzt noch den Raum.)

Wenn ich mich gut und sicher und geborgen fühlen wollte, schlüpfte ich ins Bett meiner Eltern. So machen wir das. Im Bett meiner Eltern, zwischen Beinen, Armen und Gelenken, stellt sich die Sicherheit ein. Im Geräusch des Miteinander-Atmens die Geborgenheit. Ich vermute, dass das bei anderen nicht so geläufig ist, aber in unserer Familie machen wir das: Wir kuscheln uns alle aneinander. (Und ich bin froh.)
Eelamaran Nadarajah

Malin Fink

Ich komme gerade vom Spital. Nico sagt, es habe sich um Stunden gehandelt, zwei oder drei Stunden später, und man hätte ihn nicht mehr retten können. Ich find das krass. Dass ein rostiger Nagel in der Hand so was verursachen kann? Sepsis, sagt er. Seine Eltern saßen auch mit im Zimmer, ich glaub, irgendwie war er stolz darauf. Nicht auf die Blutvergiftung, aber darauf, dass ich ihn mit seinen Eltern sah. Die wirkten sehr bekümmert. Sein Vater hat ihm immer wieder die Fransen aus dem Gesicht gestrichen. Fast zärtlich, wie mir schien.

Es ist nur ein paar Wochen her, dass er mit Molly vor meinem Fenster aufgetaucht ist. Er hat kleine Steine und Ästchen geworfen, so bin ich auf ihn aufmerksam geworden. Er wollte, dass ich runterkomme.
„Was machst du hier, mitten in der Nacht?", habe ich ihn flüsternd zum Fenster hinaus gefragt.
„Na, siehst du doch", hat er geantwortet. Molly hat geschnaubt. Ich kenne sie, sie ist eine gutmütige alte Freibergerstute.
„Wissen das deine Eltern?"
„Die schauen fern."
Ich wollte ihn noch fragen, ob er das denn darf, alleine, nachts, ausreiten. Aber ich ließ es lieber bleiben. Ich weiß noch, dass ich dachte, ich habe Nico schon seit langem nicht mehr so strahlend erlebt.
Früher ritten wir hin und wieder mit seinen Freibergerstuten aus. Seit gut einem Jahr habe ich ein anderes Pferd, das ich

reiten darf und er reitet ja eh kaum mehr. Als wir noch zusammen ausritten, ritt Nico meistens die Molly. Ellie war die Wilde, die hatte ihn mehrmals abgeworfen; mich auch. Ich vermute, die ging nur als Kutschpferd so richtig gut. Eingespannt. Da wusste sie jeweils, wo ihr Platz war und in welche Richtung sie zu gehen hatte. Ein bisschen so, wie ich Nico seit einer Weile erlebe. Von seinen Eltern eingespannt. Vor den Karren seines Vaters.

„Und wo reitest du jetzt hin?", flüsterte ich schon etwas lauter. „Ist doch dunkel", probierte ich, ihn zur Vernunft zu bringen.

„Ich kenn mich hier aus."

Ich hing da am Fenster in meinem Trainingspulli und der Trainingshose und Molly verströmte diesen warmen Geruch nach Pferd, Heu, Sattelfett und Gutmütigkeit bis zu mir in den ersten Stock hinauf. Nico fuhr ihr mit der Hand unter die Mähne. Mir wurde warm, das wollte ich auch. „Warte!", sagte ich und schloss leise das Fenster.

Natürlich waren meine Eltern noch wach. Mein Vater fragte: „Wo willst du hin?", und meine Mutter streckte den Kopf zur Küchentür hinaus. Ich sagte: „Nico ist da draußen. Nur mal kurz reden."

„Oh, Nico!", sagte meine Mutter. „Wie geht's ihm denn? Er war ewig lange nicht mehr bei uns zu Besuch."

„Na ja, wir spielen ja auch schon eine ganze Weile nicht mehr mit Playmobiltieren." Ich versuchte einen Schmerz zu überbrücken, der mich bei dieser Erinnerung plötzlich erfasste. Mein Vater schaute mich an, als sagte er, ihr seid halt keine Kinder mehr. Noch bevor ich etwas auf seinen Blick erwidern konnte, sagte meine Mutter: „Zieh dir aber eine Jacke an, es ist schon kalt draußen." Ich sah, wie auch mein Vater lächelte.

So kam's, dass ich in der Nacht von Floras Party mit Nico vor unserem Haus über Gott und die Welt redete. Meine Finger

waren wie von selbst damit beschäftigt, Mollys Mähne zu kämmen. Nico starrte auf meinen grünen Nagellack und hielt sein Pferd locker am langen Zügel. „Weißt du, wer alles dort ist, auf der Party?", fragte er mich mit Unschuldsmiene.
„Nein", antwortete ich ehrlich. „Warum fragst du?"
„Nur so. Will halt nicht der Einzige sein, der fehlt."
„Ich bin ja auch nicht hin."
„Wieso eigentlich nicht?"
„Weil", ich musste überlegen, wie ich das in Worte fassen konnte. Es schien mir paradox, aber ich versuchte es: „Weil wir nicht mehr so sind wie früher. Ich empfinde uns alle so ... gestresst. Und manchmal auch voller Missgunst. Man sieht es nicht. Aber man spürt es. Momentan kann ich damit nur schlecht umgehen."
„Weil du im Gegensatz zu anderen schon weißt, was du nach der Schule machen willst."
Damit traf Nico den Nagel auf den Kopf. Es machte mich betroffen, dass er selbst so gar keine Ahnung hatte. In Verlegenheit gebracht, schaute ich weg.
Eine Weile standen wir so, ich mit der Hand vor Mollys dampfenden Nüstern, er einen Schritt von mir entfernt in seinen schuppigen Gummistiefeln, die ich seit Jahrzehnten zu kennen glaube. Die sind schon beinahe verwachsen mit ihm. Er sagte etwas davon, dass ihn die Hand schmerzte, aber ich achtete nicht darauf. Ich stand einfach da mit meinem Schulkollegen von seit je und atmete die Nacht und die Friedfertigkeit dieses Pferdes in mich ein. Einen Moment überlegte ich noch, woher er gewusst hatte, dass ich nicht auf Floras Party war. Aber vermutlich kennt Nico mich so gut wie ich ihn zu kennen glaube. Bei diesem Gedanken stieg in mir ein Zugehörigkeitsgefühl auf. So eine Mischung aus Abenteuerglaube, wie: *Wir können alles schaffen, solange unsere Freunde bei uns sind.*

Plötzlich kickte Nico mit der einen Ferse hart ins Gras. Molly zuckte zusammen. Ich weiß ja, dass da so eine Wutkette in ihm ist. Die zittert schon lang in seinem Inneren. Er ist ein Teil einer langen Kette voller Wut. Der eine gibt seine Wut an den anderen weiter, so sehe ich Nicos Familie, den Hof, auf dem er lebt. Als ich einmal bei ihm zu Hause war, wir waren noch jünger, Anfang erste Sek, als wir alle noch irgendwie mehr miteinander verbunden waren, da hab ich es gemerkt. Der Vater frustet rum, dann frustet die Mutter rum, dann frustet der Knecht rum und schließlich Nico. Ich weiß noch, dass ich den Eindruck hatte, auch der Hofhund sei gefrustet. Der ist aber seit letztem Winter tot. Der Arme ist in den Mähdrescher gekommen wie ein junges Reh.

Mittlerweile war mir kalt geworden. In meinen Hausschuhen fror ich an den Knöcheln. Er schien es zu bemerken, gab mir einen Moment, in dem ich schmusend von Molly Abschied nahm und schwang sich dann in den Sattel, die eine Hand vom Körper abgewinkelt.

Die Nacht verschluckte ihn wie eine Illusion. Als Letztes verschwand Mollys Geruch. Ich schlich mich zurück ins Haus und in mein Bett. Dort dachte ich noch lange nach.

Und heute also war ich bei Nico im Spital, habe ihm die Hausaufgaben gebracht und gesehen, wie sich sein Vater zu einer liebevollen Geste hat hinreißen lassen. Ein bisschen so wie in diesen Tierfilmchen auf Instagram, wenn Baby Koala zurück zu Mama Koala findet oder die sieben kleinen Entchen zu ihrer Mutter.

Das Brot, das Nicos Mutter für ihn gebacken hat, roch hefig. Ich sah es gleich, als ich nach kurzem Klopfen ins Krankenzimmer trat. Die dunkle Kruste war mit hellem Mehl bestäubt. Seine Mutter hat extra ein Blumenmuster drauf aufgebracht. Ein perfektes Röschen. Wie der Hauch eines

Kusses, der die Wunde, die der Nagel gerissen hat, mit Liebe betupft. In mir blitzte eine Idee auf. Ich sprach sie aus, noch bevor ich richtig Hallo gesagt hatte: „Warum willst du nicht Hufschmied werden?"
Nur eine Sekunde lang sah mich Nico mit Leuchten in den Augen an, dann verflüchtigte sich die Freude in seinem Gesicht. Ich blieb dran: „Mit Werkzeugen und Geräten bist du gut, Tiere liebst du, Pferde kennst du durch und durch, du arbeitest drinnen und draußen ... und du wärst dein eigener Herr."
In den Augen seiner Mutter erkannte ich Tränen. Und da war's, dass Nicos Vater einen Schritt näher an Nicos Bett trat und sagte: „Guter Beruf", und ihm mit der schwieligen Hand über die Stirn fuhr. Ich saugte meine Lippen ein, es gab ein kleines Schmatzgeräusch, aber ich lachte. Und ich lachte noch immer in mich hinein, als ich mich zu Nico ans Bett setzte und ihm die Hausaufgaben erklärte.
Als ich ging, kam mir eine verträumte Liv entgegen, die in eine – wie es schien – gewichtige Unterhaltung mit ihrem unsichtbaren Eddie verstrickt war. Sie beachtete mich nicht, oder sie hat mich schlicht nicht bemerkt. Eigenartig. Wie wir für uns selbst das Wichtigste und für die anderen unsichtbar sind.

Jetzt, auf dem Weg zu Tekkie, denke ich über uns alle nach. Wer wir sind und wer wir waren. Wie sich Kinder und Eltern verändern. Wie aus einer guten Klasse eine zersplitterte Gruppe wird und was sie wieder miteinander vereinen könnte. Wie könnten wir es schaffen, wieder füreinander da zu sein?
Jetzt ist alles so porös. Die einen flüchten sich ins Geeken oder Nerden oder Gamen oder spielen mit ihren Drohnen auf dem Feld, die anderen machen blöde Experimente mit sich selbst.

Selbstgefährdung. Ich weiß, dass das mit dem rostigen Nagel und Nico ein anderes Kapitel ist. Aber irgendwie passt's halt doch ins Bild. Dass ausgerechnet ihm das passiert ist.
Nur wenige Eltern sind entspannt, wenn ihre Kinder in die Oberstufe eintreten. Die meisten, die ich kenne, machen zu viel Stress, manchmal auf die liebe Art, so dass man's erst gar nicht merkt. Indem sie uns Schnupperplätze besorgen. Sie drängen uns in ihre eigenen kaputten Träume rein. Passivaggressiv. Oder laut und übergriffig in ihrer Hysterie. Wir Jugendliche aber wollen doch selbst entscheiden, wo es langgeht. Okay, ein paar warten und hängen rum wie Finn und denken, dass das Leben dann schon irgendwann, wie durch Zauberkraft, beginnt ..., aber es gibt halt auch viele Eltern, die gar nicht helfen. Die durch Abwesenheit glänzen, weil sie so beschäftigt sind. Oder weil sie im Gefängnis hocken, wie Tekkies Vater.
Wir haben für heute abgemacht, dass wir zusammen lernen, Tekkie und ich. Seine Mutter ist immer noch frustriert über seine Entscheidung, eine Lehre zu machen, statt zu studieren. Sie kämpft dagegen an mit einer, wie Tekkie sagt, kompromisslosen Grundhaltung. In seiner Familie hat man einfach zu studieren. Punkt. Tekkie hat mir offenbart, dass Berisha ihn unterstützt. Berisha wird mit Frau Lax reden. Schon verrückt. Früher war Tekkie der Goldjunge. Wir glaubten, mit ihm in der Klasse das große Los gezogen zu haben, ich mein: Swimmingpool? Billardtisch? Gym? Klar würde der ins Gymnasium gehen und später studieren und in die Fußstapfen seines Vaters treten wollen. Wer wollte das nicht?
Heute ist er der mit dem Knasti-Vater. Der mit dem gesenkten Blick.
Viele von uns waren schon vorher mit ihm befreundet. Und nicht bloß wegen der Geschenke. Ich find's gut, wie unsere Schule das geregelt hat. Seine Mutter kam extra zu uns in

die Klasse, als in der Zeitung stand, dass der Betrug offenbar auch die Steuern betraf und mehrfache Urkundenfälschung. Die Schlagzeilen hörten eine Weile gar nicht mehr auf. Die Journalisten und Reporterinnen hatten sich regelrecht in den Fall festgebissen. Ich fand's fies, als man das Porträt von Tekkies Vater auf der Titelseite abbildete mit diesem fetten schwarzen Balken über den Augen. Man sah ja doch, wer das ist. Wir wissen es ja eh.
Eigentlich habe ich selten eine Klasse erlebt, die einen solchen Zusammenhalt hat wie unsere. Hatte.
Das ist irgendwie vorbei.
Kaum eine Pause, in der nicht irgendeiner irgendeinen anderen ins Gebüsch schubst. Besonders mühsam ist das zwischen den Fächern, wenn wir vom Turnen wieder rüber gehen für Mathematik. Bein stellen. Boxen. Blöd anmachen. Finn ausweichen, der fast nur noch übel drauf ist.
Ein Spießrutenlauf.
Dabei erinnere ich mich, dass wir früher Hand in Hand auf unseren Rädern in die Schule gefahren sind. Immer drei nebeneinander, diejenige, die in der Mitte fuhr, freihändig. So gut waren wir. Wenn ich daran denke ... Nico, Liv und ich. Undenkbar so etwas heute.
Heute haben wir alle Tunnelblick. Nichts wie durch und weg von hier. So richtig Zeit, erwachsen zu werden, lässt man uns ja nicht gerade, oder?

Frau Lax, Tekkies Mutter, öffnet mir die Tür mit einem nervösen Lächeln. Als ich eintrete, sehe ich einen Mann im Anzug, der vor Tekkie steht. „Oh, bitte entschuldigen Sie. Ich will nicht stören", sage ich. Heute platze ich wohl überall rein. „Komm nur, Malin, du störst nicht", sagt Frau Lax. „Ihr werdet gemeinsam lernen, ja?" Auf ihren Stimmbändern liegt eine unruhige Hoffnung. Der Mann im Anzug, der bei Tekkie steht, sagt laut und fest zu ihm, als ob er auf einer Bühne stünde: „So, junger Mann. Jetzt bist du der Herr im Hause." Erschrocken schaut Tekkie zu seiner Mutter, die schüttelt minimal den Kopf. Dann wendet sie sich wieder dem Mann im Anzug zu und schleudert ihm mit wildem Blick ihre Gedanken entgegen. Ich glaube, sie will nicht, dass ihr Sohn Robert diese Rolle übernimmt. Während sie in Gedanken noch mit dem Mann streitet, schiebt sie mich mit beiden Händen in den Raum: „Geht ihr in aller Ruhe lernen. Wir stören euch dabei nicht." Und zu dem Mann: „Wir Erwachsenen schauen uns jetzt die neueste Entwicklung an und wir werden auch eine erwachsene Lösung dafür finden. Für jede Frage einzeln."

„Das find ich voll fein von deiner Mutter, dass sie dich da beschützt", sage ich zu Tekkie, als wir oben in seinem Zimmer sind und ich meine Schulsachen auspacke. Zwischen Frau Lax und den anderen Frauen im Ort bestand ja zuerst so ein Gefälle. Viele waren sauer, dass sie und ihr Mann den Flecken Land gekauft hatten, auf dem sie schließlich diese Villa mit dem riesigen Zaun um den perfekten Rasen bauten. Damit hatten sie das Gefälle höchstpersönlich klargemacht. War halt nicht so der beste Zug.
Aber wenn man sich erst einmal kennt, oder etwas besser kennt, erlebt man, dass das auch nur Menschen sind. Also, find ich. Völlig einerlei, ob die jetzt einen, zwei oder drei Vornamen vor dem Familiennamen tragen.
„Warst du bei Nico?", fragt mich Tekkie.
„Hm."
„Malin. Immer für alle da."
„Was willst du damit sagen?"
„Nichts, entschuldige. Wie geht es ihm?"
„Schon besser. Und ich hab auch nicht mehr das Gefühl, dass ihm seine Eltern diese Erkrankung neiden."

Tekkie lacht. „Manche Eltern sind schon echt der Gau."
„Hä?"
„Ich hab's manchmal einfach satt, derjenige zu sein, der getröstet werden muss."
„Ich wusste gar nicht, dass ich deswegen hier bin, um dich zu trösten?" Das bringt uns beide zum Lachen. Bandit hört uns und kratzt an der Tür.
„Oh nein! Lass den bloß nicht rein! Dieser Hund furzt die ganze Zeit!"
Aber ich öffne die Tür, Bandit wedelt rein, furzt und wir kreischen und lachen, bis wir uns fast in die Hose machen.
„Nicht einatmen", japst Tekkie, „bloß nicht einatmen." Er macht das Fenster auf. „Bandits Stoffwechsel ist nur unwesentlich schneller als die Evolution: Der verdaut heute noch die Happen, die er als Welpe bekommen hat. Mit allen Gasen, die sein Darm gebildet hat!"
Tekkie wedelt mit den Händen.
„Bist du eigentlich immer noch in Blerta verknallt?", überfalle ich ihn.
„Wie kommst du jetzt da drauf?" Mit gespieltem Schrecken lässt er sich auf seine Couch plumpsen. Tekkie hat eine Couch in seinem Zimmer.
„Weil du, wenn du lachst, super herzige Grübchen hast."
„Meine Grübchen bringen dich auf Blerta?"
Ich hocke mich hin, lehne mich mit dem Rücken an den Sessel ihm gegenüber und falte meine Beine in den Schneidersitz: „Na ja, vielleicht solltest du in der Schule etwas weniger grimmig sein und öfter mal lächeln."
„Ich bin grimmig?"
„Blerta hat mich gestern gefragt, ob ich wisse, weshalb du so salzig bist."
„Das glaub ich jetzt nicht."
„Was?"

„Dass du mit Blerta über mich sprichst."
Ich grinse, weil ich weiß, dass ich gleich einen Punkt landen werde. Ich sage: „Nicht ich mit ihr. Sie spricht mit mir über dich. Das ist ein Unterschied." Ich sehe, wie er sein freudiges Lächeln zurückzuhalten versucht. „Deine Mundwinkel zucken."
„Tun sie nicht!"
„Tun sie wohl!"
Bandit dreht sich unruhig im Kreis. Er sucht einen Platz, an dem er sich bequem hinlegen kann. Ich tätschle mit der Hand neben mir auf den Boden. Er grummelt nur.
„Na, du alter weißer Mann", sage ich zu ihm und Tekkie grinst.
„Und?", fragt er mich. „Wie weit bist du?"
Einen Moment überlege ich, worauf seine Frage abzielt, dann sage ich: „Sieht gut aus. Ich weiß auf jeden Fall, in welchem Betrieb ich die Ausbildung machen möchte."
„Du bist dir also ganz sicher?"
„Worüber? Dass ich Pferdefachfrau werden will? Ist auf alle Fälle schicker als Hundegeriater."
Wieder lachen wir. Die Vorstellung, dass sich Tekkie mal um alte Hunde kümmern könnte, ist einfach herrlich. Der hat ja nur Augen für seine technischen Spielereien, die neuste Drohne, die er programmiert. Meine Hand krault gedankenverloren in Bandits altem, schon etwas struppigem Fell. Ich sehe viele weiße Härchen im ehemals dunklen Braun. Mit meiner Zunge fahre ich mir über die Lippen. Das ist ein Tick, eine Angewohnheit, wenn ich ernst werden will. Es hilft mir, mich zu sammeln. In der ersten Sek waren meine Lippen manchmal schlimm entzündet. Nun kann ich damit umgehen. Ich sage: „Du solltest vielleicht noch einmal mit deiner Mutter reden. Oder doch endlich mit deinem Vater."
Tekkie macht eine Geste mit seinen Händen, als würde er

etwas Imaginäres in den Müll schmeißen. Die Enttäuschung in seinen Augen untergräbt meine Entschlossenheit. Aber nur für einen Moment.

„Ich mein's ernst, Tekkie. Wir sind noch nicht erwachsen, wir brauchen die Unterstützung unserer Eltern."

„Schlaumeierin."

Ich meine, das trifft es nicht. Also probiere ich es noch einmal: „Schau, wie willst du jemals eine geeignete Lehrstelle finden, wenn du deine eigenen Eltern als Gegner hast? Der Gescheitere gibt nach, heißt es nicht so? Also mach dich locker, sprich mit ihnen. Such das Gespräch, du wirst sehen, dass dir nachher vieles leichter fällt. Wenn die begreifen, dass es dir wirklich ernst damit ist." Tekkie starrt ins Leere, also fahre ich eindringlicher fort: „Familien sollten zusammenhalten, finde ich. Dazu braucht es das Gespräch."

In diesem Augenblick furzt Bandit erneut. Ich springe auf und mache einen Satz weg von ihm und zum Fenster hin: „Wirklich? Das ist jetzt dein Beitrag?"

Tekkie lehnt sich in seiner Couch zurück und betrachtet mich ernst. Ein bisschen peinlich. Ich mag das nicht, wenn man mich zu lange ansieht. Mir wär lieber, er würde jetzt lachen. Irgendeinen Blödsinn machen.

Gerade noch rechtzeitig entscheidet er sich, etwas zu sagen. Er sagt: „Vielen Dank für deine wertvolle Hilfe, eine moralisch korrekte Entscheidung zu treffen."

Meint er das jetzt ernst? Will er mich aufziehen oder ist er beleidigt?

„Malin, ehrlich, wie schaffst du das, deinen eigenen Weg zu gehen und dabei immer noch ein Auge auf alle anderen zu haben? Ich raff es echt nicht."

Wieder merke ich das warme Gefühl in mir hochsteigen, das Grinsen, das kommt, weil er mir damit eine perfekte Vorlage gegeben hat: „Erst jetzt, Tekkie? Berisha hat schon im ersten

Monat gemerkt, dass er mir die Führung überlassen kann. Weißt du noch? Im Auenwald war ich die vorderste von uns. Der hat mir das zugetraut. Ich war die, die allen voran in die Dunkelheit schritt. So was prägt einen Menschen eben." Noch einmal schaut er mich ernst an. Ich weiß schon, dass viele Leute sagen, ich hätte erstaunlich helle Augen und dass es das mit dunkelbraunen Haaren eigentlich gar nicht geben dürfte, dass sie mich manchmal anstarren deswegen, wegen meines Blicks. Aber Tekkie kennt den doch.
„Du bist", hebt er an und zögert, „superschlau, Malin."
So ausgesprochen, mit diesem Ernst, wird mir das fast unheimlich. Ich greife nach dem obersten Arbeitsblatt, das ich vorhin auf dem Schreibtisch platziert habe, und nehme einen Kugelschreiber zur Hand. „Okay, Tekkie. Dann schauen wir doch mal, ob du mithalten kannst."

Abends, als ich mich auf dem Nachhauseweg befinde, denke ich noch ein bisschen über Tekkies Leben nach und darüber, dass sich das seine Mutter und er nun neu zusammensetzen müssen. Ich mache meine Jacke zu und wische mir die letzten weißen Haare von Bandit von den Hosen, da kommt unerwartet Elodie von der Bushaltestelle her auf mich zu. Ich bin total geschockt, ich habe sie im ersten Moment gar nicht erkannt und doch wusste mein Hirn, das ist ein Mensch, den ich kennen sollte. „Elodie?!"
„Korrekt."
Ihre schönen roten Haare ...
„Ich hab's getan."
... sind alle ab! Etwas unsicher blinzelt sie zu mir rüber. Ich strecke meine Hand nach ihr aus, und sie kommt näher wie eine scheue Katze. „Darf ich?"
„Du schon", sagt sie. Ich fasse ihr vorsichtig an den Kopf, die kleinen igeligen Stacheln sind samtig weich, ganz anders, als

sie aussehen. „Voll mutig von dir", sage ich und denke an ihre Rapunzelhaare.
Sie zuckt die Schultern. „War Zeit."
„Wissen das deine Eltern?" Ich sehe ihr die Antwort an. Die werden bestimmt schockiert sein.
Elodie verdreht die Augen. Wir gehen ein paar Schritte zusammen und ich bemerke es wieder, dieses nostalgische Gefühl. Schon zum dritten Mal heute. Warum können wir nicht immer so zusammen sein? Warum sind wir nicht mehr die tolle Truppe, mit der Berisha im ersten Jahr so angegeben hat im Lehrerkollegium? Ich weiß schon, ich sollte glücklich sein, weil ich meine eigene Zukunft so gut geplant habe und alles aufzugehen scheint, aber ich weiß auch genau: Ich werde uns vermissen! Ich vermisse uns ja jetzt schon, wie wir waren. Unsere Schritte passen sich einander an. Schritt für Schritt gehen wir, Elodie und ich, im Einklang die Straße entlang – das könnte ein Text von Samuele sein, der macht gerne Reime. Oder einer von Flora, mal so schnell hingerappt. Wieder wende ich meinen Kopf und schaue mir Elodies Frisur an. „Noch kürzer ging wohl nicht?"
„Noch kürzer wäre eine Glatze", sagt sie. Schweigend trotten wir nebeneinanderher, jede mit ihren eigenen Anliegen beschäftigt. Vor ihrem Haus bleiben wir stehen. „Ich musste einfach mal etwas machen, damit diese Blase platzt."
Welche Blase?, denke ich, aber sie führt bereits aus: „Alle hauen doch irgendwie über die Stränge, findest du nicht? Wir sind ein Schwarm von gestressten Individuen geworden, die einen ritzen sich, die anderen landen im Spital, wiederum andere nehmen vielleicht Drogen – ach! Mich macht das völlig fertig! Ich weiß einfach nicht, wie Blerta und du so cool bleiben könnt, ich bin das nicht."
Ich lege ihr kurz meine Hand auf den Unterarm. Aber sie zieht ihren Arm von mir weg und sagt: „Die Idee stammt von

meiner Oma. Also nicht direkt, aber als ich ihr erzählte, wie Liv mit dem ganzen Druck umgeht, welche Rechte die sich rausnimmt –"
„Rechte?"
„Ja, was soll das denn sonst sein? Niemand von uns hat sie bislang verraten, die gehört doch aber eigentlich in die Klapse mit ihrem eingebildeten Eddie, findest du nicht? Also ich hab das meiner Oma erzählt und gesagt, dass die Liv einfach drauf scheißt, was gesellschaftliche Norm ist und dass mir das selbst so überhaupt gar nicht gelingt. Und da hat meine Oma gesagt: Dann mach halt mal! Ihr jungen Leute seid viel zu stark beeinflussbar, hat sie gesagt, und dass das leider schon immer so gewesen sei und dass man dagegen aber etwas tun könne, aktiv. Und daraufhin bin ich zum Friseur gefahren."
Wir stehen voreinander und schauen uns an. Ich ihren Kopf, der jetzt so viel kleiner und zerbrechlicher wirkt, und sie meine blauen Augen. Ich überlege, ob ich ihr sagen soll, dass ich Liv, als ich ging, im Spitalflur angetroffen hatte. Dass sie viel erwachsener wirkte in ihrer Selbstversenkung als in der Schule, wenn sie auf eine Frage Antwort geben muss. Ich sage es nicht, ich sage: „Das wird Dennis nicht gefallen." Aber Elodie antwortet nur, gespielt unbeteiligt: „Ach, Dennis ..." Wir lachen beide. Dennis ist seit der ersten Sek in sie verschossen. Aber Dennis ist halt nicht ihr Typ – obwohl außer ihr fast alle Mädchen auf ihn stehen. Elodie geht ihm aus dem Weg, weil sie ihm keine Gelegenheit geben will, sie zu fragen. Sie sagt, sie will ihn nicht verletzen.
Mich lässt das Thema Liebe kalt. Was ich will, ist Kameradschaft. Wenn mich jemand fragt, eine Tante oder eine Cousine vielleicht, antworte ich: „Da ist kein Platz für einen Mann. Mein Pferd sattle ich lieber selbst."
Elodie streckt die Faust zum Abschiedsgruß aus, ich haue ihr meine Faust obendrauf. Wir berühren uns mit Schwung

Schulter an Schulter, zuerst links, dann rechts, und finden uns plötzlich wieder in unserem komplizierten Begrüßungs- und Abschiedsritual von damals, dem Sumpf-Pakt-Gruß. Sie lächelt still in sich hinein. Ich kann nicht anders, ich fühl mich gut und lächle mit.

Bevor sie im Haus verschwindet, haucht sie noch rasch ein „Adieu, meine Gefährtin!"
Und ich frage mich, was das bedeutet.

Schreib-Insel: Metapher

Identität ist ein Kleidungsstück, in das du schlüpfst, je nach Anlass, je nach Absicht, je nach Ziel. Du merkst manchmal erst spät, ob es dir entspricht oder ob man es dir übergestülpt hat und es um deinen Körper schlottert wie die Fahne eines anderen Landes im Wind. Aber du weißt: Wenn du alt genug bist, beschaffst du dir deine Stoffe selbst.
Eelamaran Nadarajah

Schreib-Insel: Metapher

Das Leben ist eine Wetterprognose auf einer App. Stündlich ändert sie sich und behauptet doch, Gewissheit zu haben über das, was kommt. Erst in der Rückschau können wir mit Bestimmtheit sagen, wie's gewesen ist. Und was plötzlich als Gewitter über einen kam.
Dennis Seebacher

Eelamaran Nadarajah

Mein Auftritt jetzt? Ja? Auftritt: Eelamaran! Der große Unbekannte der Klasse 9AE!
Scherz beiseite, ich bin Eelamaran Nadarajah, Sohn meiner Eltern Leela und Kulam. Dank sei meiner Schwester, die ausgezogen ist und in der Stadt studiert! Dank sei meinen Eltern, die so sind, wie sie sind. Ich lebe in zwei Welten. Aber sie lassen mich das, ich darf mich in der zweiten Welt bewegen – ups, das stimmt nicht ganz. Also, ich meine: Meine Mam bringt mich mit einem Blick zum Schweigen, wenn ihr was nicht passt, was ich in der zweiten Welt mache. Das hat sie drauf. Sie übt das ständig an meinem Vater.
Ich greife Tekkie am Ellenbogen und schleif ihn in mein Zimmer hinein.
Kaum schließen wir die Tür, fällt meine Maske ab.
„Shit."
„Schon, ja", antwortet Tekkie und schaut mich betroffen an.
„Aber ich will dort nicht arbeiten!"
„Trotzdem, du hättest nicht einfach nicht erscheinen sollen. Was, wenn die jetzt deine Eltern informieren?"
„Machen die nicht. Die sind doch viel zu beschäftigt, um einem Schnupperlehrling hinterherzutelefonieren. Ich will dort nicht arbeiten." Ich weiß schon, dass ich hoch pokere. Tekkie sieht entsprechend genervt aus. Er schiebt nach: „Das hast du schon gesagt."
Ich glaube, er weiß ganz genau, wovon ich spreche. Er weiß das nur zu gut. Er sumpft im selben Schlamassel, indem er den Wünschen seiner Mutter nicht entspricht.
Ich zucke seufzend die Achseln und hole die Spielkonsole

hervor. Dazu muss ich ein paar Trainingshosen, einen vergessenen Teller mit Reis und Curry, meine Schuhe und einen Stapel Bücher wegschieben. Das mach ich mit dem Fuß. Dann ziehe ich eine Schublade auf, krame aus der hintersten Ecke eine Dose mit Haargel hervor und drehe den Verschluss auf. Tekkie foppt mich: „Oh, muss sich der Herr die Frisur neu richten?"

„Eifersüchtig? Robert Leander Maximilian Lax befürchtet wohl, eine Glatze zu bekommen wie sein Alter?"

Das entlockt Tekkie nur ein tsss. Ich halte die Nase ans Gel, atme tief ein und mache ein verklärtes Gesicht. Mein Vater findet ja, dass Haargel die Kopfhaut schädigt. Aber wenn ich ohne meine Eltern draußen unterwegs bin, schmier ich mir immer einen Seitenscheitel. Gerade zeige ich Tekkie, wie das geht, da greift er sich die Konsole und sagt ernst: „Eelamaran. Wenn sogar ich mit meiner Mutter reden kann, und die ist wirklich nicht leicht zu managen, dann kannst du das auch."

Ich verstaue das Haargel wieder in seinem Versteck und lass die Konsole liegen. Woher hat der jetzt plötzlich diesen Ernst? Ich fordere ihn erstmal heraus, Attacke: „Sind bei dir die Hirndrähte verschmolzen?" Er bleibt ruhig. Und ich denke nach. Tekkie hat recht, ich weiß das, aber es ist auch ziemlich schwer, sein Rechthaben zu akzeptieren und gleichzeitig den eigenen Weg zu finden. Wie sag ich meinen Eltern, was mein Weg sein wird?

Im Berufswahl-Parcours habe ich schon gemerkt, dass mich die Arbeit mit jungen Menschen interessiert. Fachmann Betreuung, jeden Tag mit Kindern in einer Kinderkrippe oder einem Hort, das wär was für mich. Aber das ist in den Augen meiner Eltern nichts.

„Deine Eltern sind modern, find ich", sagt Tekkie und beweist

damit einmal mehr, dass er mein Freund ist. Er lässt nicht locker. Weiß immer, was in mir vorgeht. Ich schnalze trotzdem mit der Zunge.
Wir gehen meine Möglichkeiten durch:
- Morgen doch noch an der Schnupperstelle erscheinen;
- heute Abend mit meinen Eltern reden und wenigstens sie informieren;
- superschnell in einer Kinderkrippe anheuern für zwei oder drei Tage;
- oder den Rest der Woche sinnlos mit Finn Zeitungen bündeln.

„Hat Finn eigentlich nichts gesucht oder bloß Absagen eingefahren?"
„Keine Ahnung, Maran. Was tut das zur Sache. Dein Fall liegt anders."
„Mein Fall", stöhne ich, „wie du das sagst."
„Na, ich hab Erfahrung mit Fällen ..."
Plötzlich öffnet sich die Zimmertür und meine Mutter kommt herein.
„Hast du deinem Gast schon etwas angeboten?"
„Guten Tag, Frau Nadarajah", sagt Tekkie höflich. Sie nickt ihm zu. Und zu mir sagt sie: „Komm in die Küche, ich hab euch etwas vorbereitet."
„Danke, Mam", sage ich und stehe auf. Als ich an ihr vorbeigehen will, inspiziert sie meine Haare. Ihr Gesicht sagt mir, dass sie mein kleines Geheimnis kennt.
In der Küche greife ich mir die Blechschalen mit den Mixtures. Sie duften würzig nach Curry. Meine Mam reicht mir zwei Löffel. Ich stelle die Blechschalen auf ein Tablett, lege die Löffel dazu. Mam reicht mir zwei hohe Gläser mit Sarbath-Sirup, den sie mit Milch verdünnt hat. Zuletzt legt sie noch eine Schale mit Masala Vadai aufs Tablett.
Sie bleibt mir im Weg stehen und schaut mich an.

Ich stöhne und würde sie gern mit den Armen verscheuchen, kann aber nicht, weil ich ja das volle Tablett vor der Brust halte. „Ich bin doch schon pappsatt, stapel nicht noch mehr Essen drauf, bitte." Mein Ablenkungsmanöver schlägt natürlich fehl. Ich weiß genau, worum es ihr geht. Und sie weiß, dass ich es weiß. Widerwillig dreht sie sich weg. Als ich zurück in mein Zimmer komme, sage ich leise zu Tekkie, damit meine Mam es nicht hören kann: „Allein die Tatsache, dass die meisten Instrumente eben doch keine absolut sicheren Ergebnisse liefern – ich mein, meine Mutter erfasst mit ihren zwölf Sinnen mehr als jede noch so feinjustierte Apparatur! Das ist doch der Beweis! Auf der ganzen Welt passieren immer wieder Arztfehler – ich soll gar nicht Medizintechniker werden! Das ist ein eindeutiges Zeichen. Reinste Zeitverschwendung wäre ich in so einem Beruf."
Tekkie bleibt ernst. Er weiß um meinen Leidensdruck. Er versteht ihn. Meine Mutter hat sich alles hellweiß ausgemalt: Zuerst mache ich eine technische Berufsausbildung, danach geht's weiter mit einem Fachhochschulstudium bis zum Abschluss als Medizintechniker.
„Wie kann jemand wie sie, die sich als Mediatorin und kulturelle Vermittlerin einsetzt, so unsensibel sein mit dem eigenen Sohn? Sie weiß doch genau, dass ich das nicht will."
„Vielleicht will sie dich herausfordern."
„Bei meiner Schwester war's dasselbe. Die studiert jetzt Rechtswissenschaften."
„Was macht dich so sicher, dass das nicht ihre persönliche Wahl ist?"
Ich puste Luft aus. Was Besseres fällt mir nicht ein. Tekkie greift nach einem frittierten Linsenküchlein. Ich schaue ihm zu, dann sage ich: „Ich weiß es nicht. Nur so eine Ahnung. Dass sie die Träume meiner Mutter wahr macht, anstatt eigene Träume zu verfolgen. Und ich muss nun für die Träume

meines Vaters herhalten. Ich soll mehr aus mir machen als Koch in einem Altersheim werden wie er."
„Ist das nicht ein typisches Schicksal für Secondos?"
„Und das soll mich jetzt beruhigen?"
Aus einer Ecke des Zimmers löst sich ein Nachtfalter und flattert auf uns zu. Tekkie springt auf: „Dein Zimmer ist das reinste Schlaraffenland für Flatterviecher!"
„Du bist ja noch schlimmer als Finn", sage ich lachend. Ich nehm den Falter vorsichtig in die Höhle meiner Hände. „Hallo, Vorfahre." Ich öffne das Fenster und lasse ihn ins Freie. „Mich interessieren Menschen mehr."
„War aber nicht immer so", sagt Tekkie.
„Ist aber jetzt so", sage ich. „Willst du nicht noch ein Vadai?" Tekkie nickt. „Diese Linsendonuts sind Weltklasse!" Wusst ich's doch. Er isst mit Genuss. Dann zieht er die Nase hoch.
„Zu scharf?" Ich reiche ihm eine Packung Taschentücher, die ich unter meiner Bettdecke hervorhole.
„Ganz der Gentleman heute ..."
Ich leg mich auf den Rücken, die Hände hinter dem Kopf: „Ich sag doch, ich will was mit Menschen machen."
„Sag's nicht mir. Sag's ihnen."

Ich starre diese Decke an, als würde sich in ihr gleich ein Loch auftun, in das ich verschwinden könnte. Tekkie mampft. Er ist weitaus irdischer unterwegs als ich. Wie's scheint, ist ihm auch gar nicht nach Gamen zumute. Noch halte ich mein Schweigen durch. Meine Gedanken wandern zurück zu meiner Mutter. Sie stammt aus einer streng religiösen Familie. Von daher ist es schon erstaunlich, welche Freiheiten sie uns Kindern zugesteht. Obwohl sie immer sagt, Pa habe einen direkten Draht zu Gott, was so viel bedeutet wie: „Er hat das Sagen", ist doch sie unsere Innenministerin. Man muss sich

da nichts vormachen. Ich mache mir nichts vor. „Sie wird bellen", sag ich und dreh mich von Tekkie weg.
Zwischen meinen Schulterblättern kribbelt es. Tekkie mampft hinter mir. Ich führe für ihn aus: „Mein Pa sagt, eine Frau müsse sich zügeln, sie dürfe nicht wal wal wal machen."
Ich dreh mich um und sehe, wie er mich beobachtet. Ich habe es gespürt, vielleicht hab ich ja den sechsten und den siebten Sinn meiner Mutter vererbt bekommen.
Tekkie streicht sich mit den Fingern die Lippen sauber. Dann sagt er: „Wauwau, da musst du durch, Eelamaran."
Ich überlege, ob ich einen Ausweg sehe. Aber letztendlich entscheiden meine Eltern immer gemeinsam. Sie bilden da eine Einheit gegen uns Kinder. Sie würden sagen: für euch Kinder.
„Was ist eigentlich mit Samuele?", frage ich Tekkie, um Zeit zu gewinnen.
„Keine Ahnung. Würde mich nicht wundern, wenn er der ist, der arbeitslos wird. Statistisch gesehen."
Ich lass das sacken. Arbeitslos. Das wäre für meine Eltern das Letzte. Ich glaube, die haben noch nie irgendwo auch nur einen Tag gefehlt. Außer bewilligt. Für religiöse Zeremonien, Feste. Tamilisch Neujahr.
„Léannah hat Hilfe vom Uhlman bekommen."
„Wo schnuppert die jetzt?"
„Sondervereinbarung: zwei Tage KV in der Stadtverwaltung, zwei Tage Medizinische Praxisassistentin und dann noch Freitag und Samstag in einer privaten Kinderkrippe. Hat Uhlmann für sie eingerichtet, weil sie keinen Plan hat, was sie will."
Ich überlege, ob das ein Weg sein könnte. Mit Uhlmann und meinen Eltern ... nö. Meine Mam würde den Braten riechen. Da muss ich durch, Tekkie hat recht.
„Will die denn nicht etwas mit Sport, so viel, wie die trainiert?"

„Sie."
„Will Léannah nicht etwas mit Sport machen?", hake ich korrekt nach.
„Sie sagt, Sport soll ihr Hobby bleiben. Ihr Ausgleich zu was immer kommen mag. Ich verstehe sie."

Wieder schweigen wir und starren nun zu zweit die Decke an. Vermutlich der einzige Flecken Land in meinem Zimmer, den ich nicht zumüllen kann. Mittlerweile hat sich Tekkie nämlich neben mich auf den Boden gelegt, indem er sich einen Platz freigeschaufelt hat auf dem Flokati. Diese vielen Flokati-Teppiche sind ein weiteres Überbleibsel meiner großen Schwester, nebst den bunten, schweren Vorhängen, die leise im Wind vibrieren.
Zusammen betreiben wir parallele Deckeninspektion, Tekkie und ich, den Rücken im weichen weißen Fell. Obwohl wir bestimmt nicht dieselben Gedanken wälzen. Wer weiß, vielleicht hirnt Tekkie an seinem Knasti-Vater rum. Wir haben uns zwar von der Amöbe ein schönes Stück weiterentwickelt, aber wir wissen noch immer nicht wörtlich, was der andere denkt. Leben ist eine nach außen hin abgeschlossene Membran. Dennoch spüre ich, wie es in Tekkie drin aussieht. Ich muss seine einzelnen Gedanken nicht Wort für Wort kennen. Grad jetzt zum Beispiel spüre ich, dass er froh ist, hier zu sein und einfach die Decke mit mir anzustarren. Ich finde, ich bin ein guter Freund.
In der Schule geb ich den Clown. Sie mögen meine Sprüche, auch wenn sie mich wegschieben wie eine Kulisse, die man grad nicht braucht. Viele tun nur so, als ob sie von mir genervt seien, das ist meine Rolle. Ich bin der Blitzableiter.
Mit der Fernbedienung lösche ich das Licht. Wir ändern beide unsere Position ein bisschen, sodass wir nun schräg zum Fenster raus und in den Himmel schauen können.

„Wir sind die Fortentwicklung des Urknalls ...", sage ich.
„Du sprichst in Matus' weisen Worten", antwortet Tekkie mit ruhiger Stimme und richtet sich noch etwas bequemer ein. Wir liegen fast Kopf an Kopf.
„Man müsste schon etwas mehr von dieser Weiterentwicklung erwarten können, als dass es knallt."
Ich boxe ihn in die Seite. „Ich habe nicht gesagt, dass es knallt."
Tekkie bleibt still. Nach einer gefühlten Ewigkeit sagt er: „Was hast du gesagt? Ich erinnere mich nicht daran."
„Wal wal wal."
„Ach so."
Wieder sind wir still. Vom Wohnzimmer her hören wir die Musik, zu der meine kleinen Schwestern ihre Tempeltänze üben. Ich hab keine Ahnung, wie spät es ist, mit dem Zubettgehen nehmen es meine Eltern nicht so genau. Hauptsache, wir haben unsere Hausaufgaben gemacht. Tekkie spricht als Erster wieder. Er sagt: „Ich frage mich gerade, ob er mich je sehen wird."
„Du meinst jetzt deinen Vater, ja?"
„Ich war noch nie ... dort. Er sieht ja doch nie hin, wenn ich ihm irgendwas von mir erzähle. Und dass er mir was von sich erzählt, darauf hab ich jetzt grad absolut gar keine Lust."
„Versteh ich", sag ich. Aber ich glaube nicht, dass ich das verstehe. Ich will Tekkie einfach ein gutes Gefühl geben. Damit er sich weniger allein fühlt. Ich würd ihm gern auch etwas sagen wie: „Ich seh dich, viele sehen dich." Aber wenn ich mir's in meinen Ohren vorstelle, klingt's ein bisschen so wie in einem schlechten Film. Also lass ich's bleiben.
„Meinst du, das wird immer so sein?", fragt er mich.
„Was? Dass wir hier rumliegen und in die Sterne gucken?" Blödsinn. Schnell füg ich an: „Du meinst, dass wir so viel wollen und von so wenig eine Ahnung haben?"

„Hm. Ich kann's grad auch nicht in Worte fassen."
„Kenn ich. Aber dann hab ich eben auch das Gefühl, dass wir doch eine Ahnung haben! Dass wir eben doch wissen, wo lang, und dass wir das sogar ganz genau wissen."
„Auch Menschen wie Liv?"
„Gerade solche wie Liv. Die hat sich doch super gemacht." Tekkie stützt sich auf die Ellenbogen und blickt im Dunkeln auf mein Gesicht herunter: „Ah, wirklich?"
Ich antworte: „Seit dem Urknall."
Wir lachen.
Mit Tekkie ist Nichtstun prall gefüllt mit Möglichkeiten. Mit Tekkie ist das Nichtstun so, als würde man gemeinsam Gipfel erklimmen. Es reicht, wenn wir uns nach der Schule zunicken. Oder sagen: „Gehen wir Bänkchen." Dann gehen wir zum Waldrand rauf, hocken uns auf eine Aussichtsbank und quatschen miteinander. Stundenlang. Bis es Nacht ist und wir im Dunkeln nach Hause tappen.
Meine Mutter behauptet von mir, ich werde immer schweizerischer, sie sagt, sie habe schon bemerkt, dass ich lieber Fondue esse als Reis und Curry. Dass ich in meinem Herzen eigentlich ein Bergler sei. Aber wenn Berisha wieder mal sein Sportlertrieb überkommt und er uns durch die Botanik hetzen will, dann gerne ohne mich. Dann hab ich ganz schnell und sehr plötzlich wahnsinnig hohes Fieber. Mein Fieberthermometer ist zum Glück nicht wasserscheu.
„Elodie wird wohl das KV in einem Reisebüro machen", klärt mich Tekkie ungefragt auf. Und schon fährt er weiter: „Malin wird Pferdefachfrau." Und dann sagt er: „Matus –"
Aber ich falle ihm ins Wort: „Hör auf! Du musst jetzt nicht auch noch Druck draufsetzen."
Ich höre, wie er in sich hineinlacht. Ich habe das Gefühl, dass ich mich doch verteidigen sollte. Er macht mich ganz hibbelig, nestelt in seiner Tasche rum. Ich habe mein Argument

zwar noch nicht parat, aber ich fange dennoch an: „Alles, was ich über mich weiß, weiß ich aus Interaktionen mit anderen. Wie ich streite. Was ich denke. Mit wem ich mich wohlfühle. Mein Bild von mir selbst ändert und klärt sich mit jedem Menschen, mit dem ich zu tun habe, neu." Ich mache eine Pause.
„Und weiter, Frankenstein?", fordert er mich träge auf. Ich hole Luft. „Das will ich mir irgendwie ... bewahren. Deswegen will ich lieber mit Menschen arbeiten als mit Technik. Das größte Rätsel bleibt doch der Mensch. Den will ich mir zum Beruf machen."
Tekkie lacht plötzlich gellend laut auf, er prustet richtiggehend; ich springe auf die Beine, mache das Licht an. Er kriegt sich gar nicht mehr ein vor Lachen. „Was ist?", schrei ich ihn fast panisch an. Sein Lachen ist so laut, das holt bestimmt gleich meine Mam und meinen Pa ins Zimmer. Tekkie hält sich die Faust vor den Mund und streckt mir mit der anderen Hand sein Handy entgegen. Tondatei. Er drückt auf den Abspielknopf: *Alles, was ich über mich weiß, weiß ich ...* – der hat mich aufgenommen, dieser Arsch! Er liegt auf meinem Zimmerboden und lacht aus vollem Hals. Ich mache ein möglichst hässliches Gesicht und verschränke die Arme vor meinem Körper.
Tekkie setzt sich auf, lehnt sich an mein Bett, kann immer noch nicht aufhören zu lachen. Langsam lass ich mich neben ihn sinken und lehn mich ebenfalls an. „Echt, Bruder", motze ich.
Dann wird er ernst und schaut mich an. „Das", sagt er, „das ist dein Text. Wenn du es in diesen Worten deinen Eltern sagst, werden sie dich verstehen."
Plötzlich bin ich erleichtert. Aber ich bin auch sauer. Also, ich tu noch ein bisschen so, als ob ich ernsthaft sauer wäre. Na ja. Tekkie kennt mich. Seine Hand tätschelt mein Knie.

„So", sagt er und erhebt sich. „Ich sollte dann wohl langsam. Einige von uns haben noch eine Mütze Schlaf zu fassen, weil einige von uns morgen wieder schnuppern gehen, während andere sich irgendwo hinter Vorhängen verstecken." Er steht auf, indem er sein Gewicht auf meine angewinkelten Knie stützt.
„Ich versteck mich nicht."
„Zeitungen bündeln? Mit Finn?"
„Ach, Quatsch." Ich muss noch ein-, zweimal Luft holen. „Morgen sag ich's ihnen. Ihr, ich sag's meiner Mam, wenn Pa aus dem Haus ist."
„Warum nicht beiden?"
„Den Triumph, dass er mitansehen kann, wie sie mich zusammenbellt, gönn ich ihm nicht."
„Feigling", sagt Tekkie, aber wir klatschen uns ab und drücken uns kurz die Hand.

Draußen, wie ein guter Gastgeber habe ich ihn selbstverständlich bis zur Laterne vor unserem Block begleitet, schluckt Tekkie einmal schwer. Da ist also noch etwas, das er mir sagen will. Ich kicke ein paar Kiesel ins Gebüsch, dann schau ich ihn fragend an. Er sagt: „Heute, als ich ziemlich fertig nach Hause kam und meiner Mutter vom ersten Schnuppertag berichtete, hat sie mich lange angeschaut und mir voll zugehört. Sie hat sich dann nach zwei, drei anderen aus der Klasse erkundigt. Und auch da hat sie mir zugehört. Und ja, ich hab ihr auch von dir berichtet, dass du noch einige Steine aus dem Weg zu räumen hast – jetzt werd nicht gleich sauer! Sie hat mir zugehört und dann hat sie mich beruhigt, wir hätten wohl alle unsere Baustellen, aber, sagte sie, sie findet, wir machen einen super Job."

Danke, Tekkie. Dass du mir das gesagt hast. Danke, Freund.

Schreib-Insel: Dadaismus

Ich bin bei der Engage pfadiiert und kleine die Beaufsichtigten. Ich achte darauf, dass wir keine Große zu risiken eingehen, aber ich will auch, dass die Lernen etwas kindern. Monatmal pro Zwei leite ich am Kinder unsere Samstagse an. Ich finde, Spaß macht Pfadi und ist eine optimale Lebensschule.
Blerta Cara

Dadaismus: Schauspieler-Bewerbungstraining

Der Schauspieler, an dem dieser Kam in unsere Schule tagte, war purer Stress. Immer wieder hat er mich nach vorne gerufen, damit ich vormache, wie es geht. Dabei bewerbungsprofiere ich kein Bin. Ich habe es gehasst, im Vornestehen zu mittelpunkten. Ich schauspieler ja nicht Will werden, so wie er. Danke nein.
Matus Pedersen
(Herr Berisha, wenn ich das sagen darf: Laden Sie bitte nie wieder einen Schauspieler zu uns ein. Danke.)

Matus Pedersen

Heute ist wieder Elterngespräch. Ich will da nicht sein. Ich will tot sein, ich will weg. Ich glaub, ich scheiß mir in die Hose. Meine Eltern sprechen mit meinem Klassenlehrer und ich versuche krampfhaft, etwas Positives zu denken. Aber wenn die ihre Münder öffnen und über meine Noten sprechen, muss ich an das Bild von diesem Edvard Munch denken: „Der Schrei". Ich bin die Person auf dem Bild, dieser Maler, er hat mich gemalt. Ich bin der Mensch mit dem stummen Schrei.

Ich will nicht aus der Sportschule, auf keinen Fall, ich will Eishockey spielen, ich brauche das! Berisha mustert mich. Berisha verdaut meinen Anblick, Berisha runzelt die Stirn. Er sagt, meine Noten lassen das nicht mehr lange zu. Die schulische Leistung habe Vorrang.
Meine Mutter beginnt zu heulen. Sie verwandelt sich von einer Frau mit gepflegten Fingernägeln und Frisur ins blanke Entsetzen.
Ich schäme mich grad in Grund und Boden.
Mein Vater probiert es, indem er sagt: „Können wir das bitte konstruktiv angehen ..."
Berisha antwortete: „Fünf von Hundert schaffen den nationalen Durchbruch, davon wird später einmal einer vom Eishockey leben können. Alle anderen werden nebenher arbeiten müssen. Matus ist leider sehr weit vom Profisportler entfernt. Und ich finde, wir sollten schauen, dass er jetzt nicht in der Schule den Boden unter den Füßen verliert."
„Lässt sich da nicht ein Kompromiss finden?", schlägt das blanke Entsetzen vor. „Ein bisschen weniger Training für

die nächsten zwei, drei Monate und dafür holt unser Matus in der Schule auf?"
Berishas Blick werde ich nie vergessen. Sein Blick brennt sich ein, sein Blick verdaut mich. Das blanke Entsetzen bekommt das mit und verwandelt sich in ein blankes Entsetzen mit Hand vor dem Mund.
Ich weiß schon, dass er eigentlich auf meiner Seite ist. Aber ich fühl mich trotzdem allein. Manchmal denke ich, mir wäre es am liebsten, wenn ich mich ganz schlimm verletzen würde. Dann hätte niemand Schuld. Dann müsste auch niemand für mich entscheiden, dann wäre es entschieden, einfach so. Wie bei Nico. Der durfte ganz offiziell drei Wochen fehlen. Krankenhaus, das wär's. Dann könnte ich in Ruhe darüber nachdenken, was aus mir werden soll.
Oder aber: Ich würde vom Nichts aufgesaugt und käme der Welt abhanden. Dann wär ich einfach weg und nach einem grandiosen Finale für niemanden mehr zu erreichen. Wie ein Stern, der als Supernova explodiert, vernichte ich mich selbst. Wir alle in unserer Milchstraße kreisen doch um ein supermassives schwarzes Loch.
Planet sein wäre cool. Planet heißt so viel wie Wanderer. Man geht von einem Ort zum anderen und schaut, wie's da so ist. Ein bisschen wie bei unseren Turnieren. Nur ohne Siegenmüssen.

Letzte Woche spielten wir gegen Ambri Piotta. Wir haben sie regelrecht plattgewalzt. Das Spiel begann um zwanzig Uhr, und drei Stunden später lagen die heulend in ihrer Kabine. Die jubilierten, waren wir. Duschen, essen, Rückreise und um halb drei Uhr morgens fiel ich ins Afterpartykoma. Mir ist schon klar, weshalb ich in der Schule hintendrein bin.
Meine Mutter ließ mich am nächsten Tag bis nachmittags regenerieren.

Dieser Blick von Berisha. Er ist noch immer dabei, mich zu verdauen. Sein Blick sagt mir: Matus, das schaffst du nicht.

Oder sterben. Sagen wir's doch, wie's ist. Natürlich wäre das kaum auszuhalten, der eigene Sohn: tot. Aber irgendwann würden sich meine Eltern schon daran gewöhnen. Immerhin besser als verschollen wie Astronauten, die's hinaus ins Weltall treibt.

Gut, es wär schlimm für sie. Es müsste halt so ein Zufall sein, bei dem sie nach einer bestimmten Zeit sagen könnten: Es war doch besser so. Vielleicht eine Krankheit. Vielleicht, wenn ich Seuchenträger wär, von einer Seuche, die die gesamte Menschheit ausradieren könnte.

Aber so was ist halt extrem selten.

Es klopft mit Vehemenz an der Tür. Berisha steht auf, aber Uhlmann hält schon seinen Kopf herein, winkt mit der Hand: „Kommst du mal? Ist dringend." Berisha entschuldigt sich und geht zu Uhlmann vor die Tür. Ich höre dumpfes Gemurmel.

Meine Mutter hatte mich extra zum Berufsberater geschleppt, als sie noch meine Mutter war und nicht das blanke Entsetzen mit Hand vor dem Mund. Ich war eingetreten, da hatte der so gewinkt und gelächelt und ich lächelte und winkte zurück. Ich musste dann Bildkarten sortieren und etwas zu jedem Bild sagen. Immer, wenn ich den Kopf über ein Bild geschüttelt habe, gab ihm das Einblick in seinen Argumentenkatalog, bis er wusste, mit welchem Argument er mich einsargen konnte. Auf dem Stuhl mir gegenüber saß nicht ein Berufsberater, sondern ein Vorgang, der mit bemerkenswertem Fug und Recht auf sein Ziel zusteuerte. Auf den erprobten Abschlusssatz hin, denn jede Frageliste lief darauf hinaus, dass der Vorgang am Ende mit glückseliger Automatenstimme

sagen könnte: Hab ich's mir doch gedacht: Hotellerie! Spinnt der? Ich? Hotellerie? Das ist doch von meinen Interessen meilenweit entfernt. Der Vorgang nickte und lächelte mich mit Wonne an.
Als mich Berisha vor einer Woche danach gefragt hat und ich ihm die Antwort des Berufsberaters gab, hat er nur den Kopf geschüttelt.
Armer Hund. Vermutlich denken das alle von mir. Dass ich ein armer Hund bin.
Durch die Tür wird das Gemurmel lauter. Ich höre das Wort Polizei und vielleicht auch das Wort einschalten. Ich versuche zu erfassen, worum es geht. Meine Mutter ist still und schaut zum Fenster hinaus. Mein Vater prüft seine E-Mail-Eingänge auf dem Handy. Während draußen Uhlmann Berisha irgendwas zu bezichtigen scheint und in mir die Unruhe steigt, sitzen neben mir ein Mann mit einer geschäftigen und eine Frau mit einer betont zuversichtlichen Miene. „Du hast die Dinge schleifen lassen, Valdet", höre ich Uhlmann sagen, „komm jetzt einfach kurz mit!" Und dann gehen Schritte ab. Und dann folgen weitere Schritte. Und dann hört man von draußen nichts mehr.

Einmal hat mir Berisha gesagt, dass er das absichtlich mache. Nicht, weil er uns wehtun will. Aber er will uns nicht belügen. Wenn er bei jemandem schwarzsieht und überzeugt ist, dass die Berufswahl das Ziel verfehlt, dann sagt er uns das. Dann, findet er, muss er uns ins Gewissen reden und uns sagen: „Hei, das wird mordsschwierig, mach doch die dreijährige Elektrikerlehre statt gleich die fünfjährige Elektronikerlehre, und schau nachher weiter." Oder so.
Es sei ein Spagat für ihn, hat er gesagt. Er wolle uns nicht entmutigen. Und wenn dann später einer zu ihm komme und sage: „Hei, Herr Berisha, schau, ich hab's doch gepackt!",

dann sei er froh und denke sich: „Na Gott sei Dank." Gott sei Dank irre er sich immer wieder.
Aber sein Blick in diesem Elterngespräch. Dieser Blick. Das eben war kein Irrtum, der mit uns am runden Tisch saß. Ich hab mir wirklich fast in die Hose gemacht.

Die Tür fliegt auf, Berisha rauscht rein, entschuldigt sich für bitte noch einen kleinen Moment und weg ist er wieder. Meine Mutter seufzt. Mein Vater ignoriert es, er tippt etwas in sein Handy, das viel zu groß für seine kleinen Hände scheint. Die kurzen Finger. Mein Vater kauft sich immer das größte Modell.
Mein Alptraum wäre, dass ich nicht mehr weiterwachse. Dabei stammen wir von Wikingern ab. Aber wenn ich nach meinen Eltern komme, kann ich mich gleich als Mäusedompteur bewerben. Wenn ich nicht mehr weiterwachse. Früher hab ich sogar mal mit Finn trainiert. Gut, der war schon immer ein Jahr älter als ich, aber Finn ist jetzt ein Riese. Riesenarsch, wenn man mich fragt. Weshalb Nico und Samuele gegen den überhaupt noch Armdrücken machen – ts. Und Finn ist sogar noch schlechter als ich in der Schule. Und ich trainiere und muss daneben gleich viel liefern wie diese Normalos.

Berisha kommt zurück und er setzt sich tatsächlich zu uns, Schweiß auf seiner Stirn, aber genau der Moment für meine zuversichtliche Mutter, einzuhaken: „Matus ist doch einfach nur ein bisschen überfordert momentan", sagt sie. Sie will mit aller Kraft Verständnis verströmen, wie eine faulige Blume ihren Geruch. „So viele Bewerbungen schreiben, mit so vielen Absagen umgehen müssen, das käme doch auch uns Erwachsene hart an, Sie doch auch, nicht wahr, Herr Berisha?"

In meinen Ohren klingt das wie eine heimliche Beschuldigung. Oder ist das eine Drohung? Mein Vater bemerkt es nicht, er scrollt.

Berisha sagt zögernd, wie geistig abwesend, dass wir als Nächstes in der Klasse ins Thema unserer persönlichen Ressourcen und Stärken einsteigen würden, dass wir da vertieft hinsehen würden, und bevor mir bei diesem Gedanken schlecht wird und ich mich übergeben muss, schalte ich ab.

In einer Fernsehdokumentation habe ich den Begriff Ereignishorizont aufgeschnappt. Ich finde das ein schönes Wort. Es zeigt die Grenze an, bis wo unsere physikalischen Gesetze gelten. Und ab wo etwas anderes beginnt. Der bizarrste Ort im Universum sei das schwarze Loch. Darin bleibe die Zeit stehen – unsere Raum-Zeit-Gesetze gelten in einem schwarzen Loch nicht mehr.

Wenn ich auf dem Eis bin, wenn die Fläche unter meinen Kufen funkelt, wenn ich nur noch dieses unverwechselbare windgleiche Geräusch höre, dann bin ich über den Ereignishorizont gekippt. Dann gilt nicht mehr, was in der Schule war, was in meinem Journal steht, was meine Eltern wollen, was der Berufsberater sagt. Dann gilt nur noch: jetzt. Und: ich.

Es sind höhere Regeln, die dann greifen. Mein Trainer sagt dazu „The Flow". Mit einer Aktivität wachsen. Mich auf mein Tun konzentrieren und ein Ziel verfolgen. Das Ich in den Hintergrund treten lassen und verschwinden ... Aber bevor ich von hier verschwinden kann, höre ich leider die Stimme meines Vaters, wie er sagt, man müsse das pragmatisch sehen. Mein Vater benutzt ihn gerne, seinen Lieblingsbegriff für alles: Pragmatismus. Und schon verwandelt sich meine Mutter in die gurrende Kompromissbereitschaft und ich lasse mich mit all meiner Kraft zurück über meinen Ereignishorizont kippen. Meine Gedanken wandern wie Planeten und keiner, der es merkt.

Nicht alle haben es mitbekommen, ein paar wenige nur, nur Tekkie und ich, glaube ich. Aber Eelamaran hat den bisher größten Krach seines Lebens mit seiner Mutter ausgefochten, einfach, weil er es nicht einmal versuchen will. Das, sagt er, ärgere sie am meisten. Aber er sagt auch: „Weshalb ihr etwas vormachen, wenn doch nichts daraus wird?" Auch ein paar der Mädchen haben, soviel ich weiß, noch nichts in Sicht, Liv und Léannah, und ob Nico eine Stelle als Schmied findet? Bei allen ist grad irgendwas: Finn wurde offenbar von seinem Vater im Klo eingesperrt, als er endlich doch mal schnuppern gehen wollte. Zimmermann. Der hat da wohl was falsch verstanden, sein Vater. Dabei ist Finn wurscht, was er schnuppert, er wollte einfach möglichst wenig Stress. Da hockte er also stundenlang ohne Handy auf dem Klo und konnte sich nicht mal abmelden beim Schnupperbetrieb; hab ich gehört, weil Uhlmann das alles in sein Handy geredet hat, als er über den Pausenhof ging.
Aber, oh weh, als Finn mich sah! Wie der von hinter der Ecke aufgetaucht ist, da hat der sich so was von geschämt, sein ganzes Gesicht war wie übergossen mit Schmach! Ich blickte schnell weg, aber klar, ich kann schon eins und eins zusammenrechnen: Deswegen also musste er Zeitungen bündeln fürs Recycling.
Und auch Elodie hat Zoff mit ihren Eltern. Sie drohte kürzlich damit abzuhauen, denn ihre Eltern machen immer noch Stress wegen ihrer Haare, sie sagen, so könne sie unmöglich ihre Stelle im Reisebüro antreten, da müsse was gemacht werden, Haarverlängerung oder keine Ahnung was. Perücke. Allen geht's grad schlecht.
Nur Samuele hat uns komplett in die Tasche gesteckt! Wir

dachten ja, der versiebt's – dabei hatte er, wie sich herausstellte, als Erster einen Lehrvertrag.

Wieder klopft es und diesmal steht Uhlmann schon im Zimmer, bevor Berisha aufgestanden ist. „Entschuldigen Sie bitte", sagt er. „Eine Schülerin wird vermisst. Matus, weißt du irgendwas über Elodie?"
„Äh, sie ist gestern nicht in die Schule gekommen?"
„Weißt du, wo sie ist?", mischt sich Berisha ein. „Ihre Eltern suchen sie."
„Da ist ein Kind verschwunden?", fragt meine Mutter entsetzt.
„Wir haben Grund zur Annahme, dass sie abgehauen ist", antwortet Uhlmann. „Die Polizei geht –"
„Die Polizei?", schimpft mein Vater.
„Ihr Rucksack fehlt und sie hat eine Notiz hinterlassen. Matus – weißt du was? Hast du irgendwas aufgeschnappt, per Zufall?"
„Nein", sage ich überrumpelt. Die Erwachsenen tauschen Fragen und Antworten aus, dann ist Uhlmann wieder weg und Berisha mit seinem Elterngespräch irgendwann zu einem Punkt gekommen. Ich habe das nicht mehr mitgekriegt, aber jetzt erheben wir uns alle vom runden Tisch und ich weiß, jetzt muss ich Herrn Berisha die Hand geben. Der Stoff meiner Kleider klebt an mir, als wäre ich frisch geduscht. Nur, frisch ist an mir gar nichts mehr. Ich bin alles andere als frisch, und meine Patschhand klebt in seiner.
Die Höflichkeitsfloskeln, die die Erwachsenen jetzt untereinander austauschen. Der Schwung, den mein Vater in seinen Handschlag legt, und Berisha, der nun wirklich nicht groß ist, wirkt wie ein Gigant neben ihm. Meine Mutter. Gerührt über ihre eigene Gerührtheit, darüber, dass sie ihren Sohn noch bei sich hat. Dass ich nicht verschwunden bin. Sie ihre

Hand noch in meinen Nacken legen kann, als wollte sie mich steuern.
Mittlerweile habe ich meine Kleider am Leib geordnet, was klebte mit den Fingerspitzen weggezogen, Luft zwischen mich und das Textil gebracht.
Dieser Blick von Berisha. Spätestens jetzt wäre ich sturmreif, ich bin sicher, er sieht es mir an, mein Raumschiff ließe sich anstrengungslos entern. Berisha weiß, was mich umtreibt, wo meine Gedanken sind. Sein Blick und darauf seine Worte: „Die Zeit, Matus, zeigt die Veränderungen im Universum, und das Universum hat einen Wust von Zeit."
Ich spüre, wie meine Eltern nervös werden, sie verstehen diesen Code zwischen ihm und mir nicht, aber Berisha kennt meine Interessen. Und er weiß genau, wann er mir zu Hilfe eilen muss. Ich wünschte, ich könnte jetzt nicken oder so, aber ich benötige all meine Kraft durchzuhalten, diese Hand meiner Mutter in meinem Nacken auszuhalten, und auf meinen zwei Gummibeinen stehen zu bleiben. Nun schaut er meine Eltern an, freundlich, alle beide, und sagt: „In Erdzeitaltern gedacht, hat auch die kleinste Möglichkeit eine Chance."

Vorerst also bleibt es, wie es ist. Vorerst kann ich weiterhin aufs Eis und meine Sache in der Schule so gut wie möglich meistern. Es wenigstens noch ein letztes Mal versuchen.

Will ich das?

Schreib-Insel: Minidrama

Vorhang geht auf.
Auf der Bühne ein Tisch, dessen Tischplatte leer ist.
Daneben ein übergroßer Papierkorb.
Von der Bühnendecke segeln einzelne Papiere herab und landen im Papierkorb.

JUGENDLICHE:	Regeln. Nichts als Regeln.
MUTTER:	Das darfst du nicht, Kind!
VATER:	Das macht man nicht, Kind!
MUTTER:	Was das für ein Gerede gibt!
VATER:	Denk doch auch an uns!

Mutter und Vater gehen rückwärts von der Bühne.
Es fallen weitere Blätter in den Korb.
Die Jugendliche vergräbt ihr Gesicht in beide Hände.
Der Vorhang kommt sehr, sehr langsam herunter.
Elodie Faber

Schreib-Insel: Minidrama

Vorhang geht auf.
Auf der Bühne stehe ich.
Applaus!
(Ähm, dürfte ich bitte das nächste Mal schreiben, was ich will, Herr Berisha? Und wie ich will?)
Flora Hauenstein

Blerta Cara

Mann. Mann Mann Mann. Aber ich muss geduldig sein. Den Kopf in den Nacken halten.
In Büchern liest man immer davon, wie metallisch Blut riecht. Aber wie's in der eigenen Nasenhöhle riecht, aus der es tropft, dafür existiert kein Wort – einfach nur eklig. Seit ich klein war, leide ich unter Nasenbluten. Es befällt mich ohne feste Regel.
Geduld. Ich muss Geduld haben.
Wird schon.
Ich bin nicht so eine Memme wie die meisten in meiner Klasse. Die rennen wegen jedem Scheiß zu ihren Eltern und jammern sie voll. Oder sie hauen einfach ab, wie Elodie – so ein Verhalten find ich echt zum Kompostieren. Meine Eltern sahen es immer schon mit einem gewissen Misstrauen, dass ausgerechnet Flora und Elodie meine Biester sind, und seit Elodie wie ein Rocker rumläuft, kneifen sie die Augen zu noch engeren Schlitzen und ihr Mund wird zu einem Strich. Jetzt ist sie weg.
Das hätte ich nie von ihr gedacht. Das tut man seinen Eltern doch nicht an? So kurz vor dem Ziel?
Mittlerweile haben fast alle eine Lehrstelle, ich natürlich auch. Auf der Liste unserer Klasse stehen Berufe wie KV im Reisebüro, Medizinische Praxisassistentin, Detailhandelsfachmann für Autoteile, Polymechaniker, Pferdefachfrau. In meinem Feld steht auch KV, aber ich werde die kaufmännische Lehre zusammen mit der BMS, der Berufsmaturitätsschule, absolvieren, und zwar in einer Top-Werbeagentur. Die vertreten dort sehr viele echt grüne Firmen, kein Green-

washing, wirklich gute Sachen machen die. Das ist mir wichtig. Darauf habe ich geachtet bei meiner Wahl.
Nach meiner Lehre starte ich mein Marketingstudium. Und dann eröffne ich meine eigene Agentur. Die Cara-Medien-Agentur oder Blerta-Medien. Da bin ich noch nicht einig mit mir. Da schwanken wir noch hin und her, Frau Cara und ich.
Vielleicht heißt meine Agentur dann aber auch ganz anders, Flora sagt, ich soll einen englischen Namen wählen, damit ich international bekannt werde. *Mark me!* oder *Festive* wäre catchy, findet sie. Oder *Miss Cara and I*.
Mein Favorit ist momentan ganz einfach: CARA. In Großbuchstaben. Metallic rot. Rot ist eine Signalfarbe. Auch wenn ich Grün prinzipiell schöner finde, Rot ist die Farbe der Macht. Und Cara in Rot sieht einfach besser aus als Cara in Grün, das sagte auch mein Vater.
Vielleicht aber auch CARA*E*, mit einem grünen E angehängt. Cara und Care in einem. Mein Ziel ist es, Firmen, die etwas gegen die Umweltverschmutzung tun, mit superstarkem Marketing zu unterstützen. Es gibt Firmen, die wandeln das CO_2 in der Luft um. Es gibt Firmen, die sammeln den Plastikmüll in den Weltmeeren ein. Es gibt so viele unterstützungswürdige Institutionen und Betriebe, die solides Marketing brauchen, damit man sie wahrnimmt auf dem Weltmarkt. Dafür werde ich sorgen.
Dafür habe ich den geilsten Nachnamen. Danke, meine lieben Eltern, danke danke DANKE, dass ihr mich geboren habt!

Als Berisha unsere Wünsche und Ziele für das dritte Sekundarschuljahr aufschreiben ließ, war ich als Erste fertig. Nicht, dass das unbedingt etwas heißen muss, aber im Gegensatz zu den anderen, diesen Schwachmaten, weiß ich halt ganz genau, wer ich bin und was ich vom Leben erwarte.
Ganz ehrlich? Kindisch find ich die alle ein bisschen. Die

steigern sich da in Stressmomente rein, meine Klassenkameradinnen und -kameraden.
Zu meiner Karriere gehören erstmal keine Kinder. Später vielleicht. Einen Mann kann ich eventuell grad noch ertragen, aber der muss mich echt umhauen, so leicht bin ich nicht zu beeindrucken. Die Jungs in meiner Klasse sind im Gegensatz zu mir Babys, wirklich, es ist manchmal nicht auszuhalten, wie die sich von ihren pubertären Hormonen das Hirn übersteuern lassen. Dieses Gegröle und das angeblich so männliche Armdrücken, ich kann mir nichts Peinlicheres vorstellen. Die haben überhaupt keine Selbstregulation. Berisha muss uns schon lange keine Croissants mehr bringen. Stress lässt die zu echten Blödmännern werden – und EHRLICH? Elodie spinnt doch auch. Einfach so abzuhauen. Deren Stress wird dadurch nicht weniger und wer Stress hat, stößt übermäßig Cortisol, Adrenalin und Noradrenalin aus. Zu viel davon über eine zu lange Dauer ist kontraproduktiv.
Ich bin froh, dass ich hier einfach sagen kann, wie's ist, und nicht immer für die anderen zu erklären brauche. Sollen lernen. Cortisol. Fachbegriffe zu verwenden, gehört zu einem künftigen Berufsleben dazu.
Sagt auch mein Vater.
Sagt auch meine Mutter. Dass man lernen MUSS, was man wissen WILL. So einfach ist das. Aber vermutlich sind die anderen in meiner Generation mit den falschen Genen ausgestattet oder von Hormonen so geschwemmt, dass sie nicht denken können. Pubertät. In meiner Familie gibt es das nicht.
Ja ja JA, schon gut. Ich weiß genau, wie mich Berisha jetzt anschauen würde, wenn ich so was laut sagen würde. Also denk ich mir's nur, gell, Frau Cara. Und falls man sich jetzt fragt: Es ist nicht einfach, ich zu sein. Frühere Genies haben jedenfalls auch Selbstgespräche geführt, das ist erwiesen – mit wem sonst hätten die denn reden sollen auf ihrem Niveau?

Dafür behaupten die anderen, ich hätte soziale Defizite. Kann aber gar nicht sein. Ich hab mir das überlegt. Und ich bin zum Schluss gekommen: Ich bin einfach nur auf meinen Weg konzentriert. Mit den Kleinen kann ich jedenfalls gut. So. Fertig. Nasenbluten. Hat wieder aufgehört.

Wer ja gar nicht auf seinen Weg konzentriert ist, ist Finn. Heute um elf Uhr klopfte es, Uhlmann kam rein, Berisha wusste ganz offensichtlich von nichts. Dann hat der Uhlmann kurz vorne mit dem Berisha geflüstert, einige von uns sahen schon, dass da auch der Schulleiter im Flur stand und wartete, und dann hat Berisha genickt, sein Blick auf Finn wie ein Joch, das sich über einen Ochsen senkt. Dann ist der Uhlmann zu Finn und hat ihn gebeten mitzukommen. Leise und dringlich. SEHR seltsam find ich das.
Finn hat sein Zeugs gepackt in einer Seelenruhe und ist mit hängendem Kopf mitgetrottet. Finn ist ja SO groß. Wie ein Hund, sag ich. Irischer Wolfshund. Jetzt sind zwei Plätze in unseren Reihen leer.
War ein bisschen schwierig für Berisha, nachher den Unterricht wieder aufzunehmen. Im Jahr vor Ende der offiziellen Schulzeit ist es das sowieso. Ich frag mich gar nicht, was der Finn jetzt wieder ausgefressen hat. Man wird's erfahren. Genauso, wie wir auch erfahren werden, wo sich Elodie versteckt gehalten hat, wenn sie wieder auftaucht, denn das wird sie, da sind sich Frau Cara und ich einig. Genauso, wie wir erfahren haben, dass Roberts Vater jetzt rechtmäßig verurteilt worden ist. Und dass Samuele längst einen Lehrvertrag hat – wie er uns mit dem breitesten Grinsen überhaupt unter die Nase gerieben hat. Noch vor dem sogenannten Gentleman's Agreement, das besagt, dass man Schülerinnen und Schülern erst im Herbst der 2. Sek einen Lehrvertrag aushändigen soll, eine Abmachung, die dazu dienen soll, den Druck auf die anderen nicht

allzu sehr zu erhöhen. Da stand Samuele vorne am Rednerpult, komplett ohne dass ihn jemand dazu aufgefordert hätte, und sagte, er habe seine Stelle als Automobilteileverkäufer schon lang. AHA, dachte ich. Ganz à la: auch ein blindes Huhn ... die dümmste Sau ... oder der blödeste Bauer – mir fällt jetzt dieses Sprichwort grad nicht ein.

Aber es ist schon so: Die mit der großen Klappe schaffen ihren Weg oft leichter als die Stillen unter uns. Große Klappe UND wissen, was man will, ist nicht die schlechteste Paarung, find ich.

Dafür hängt er jetzt nur noch rum. Jeder weiß, dass ein Schüler, der seine Lehrstelle im Sack hat, sich in der letzten Runde nicht mehr die allergrößte Mühe gibt, um es mal subtil auszudrücken. Gammeln wär ein anderes Wort.

Wenn ich so in unsere Runde schaue, dann hocken ein paar von unserer Klasse die letzten Monate nur noch ab. Viel verpassen tut Elodie nicht.

Unsere Klasse.

Unsere Runde hat so einige Hicks bekommen. Ein paar Dellen hier, ein paar Dellen da. Léannah, die sich jahrelang an mich ranschmeißen wollte, hängt jetzt lieber bei der Parallelklasse ab, SEHR sonderbar. Und Flora tut mir gegenüber seit Kurzem doch recht überheblich. Malin geht ihren Weg unaufgeregt, die war schon immer so, und Liv bleibt Liv.

Für mich war's einfach immer so, dass ich sehr gut lernen konnte und mich nicht zu sehr von den Problemen der andern ablenken ließ. Ich habe mir schon früh gesagt: Frau Cara, hör zu. Wenn du im Unterricht aufmerksam bist, ist das schon die Hälfte der Miete. Dann musst du dich bei den Hausaufgaben nicht abmühen, weil du das meiste schon in der offiziellen Unterrichtszeit begriffen hast. Wo ich recht hab, hab ich recht. Also hab ich das gemacht. Ein Ziel, ein Plan, und Frau Cara prescht aus ihren Startblöcken.

Meine Schwester ist da ähnlich. Immer ein Buch vor dem Kopf. Die trägt Brille, so viel, wie sie liest, da reden wir von Kilometern. Die ist auch megagescheit. Und schnell. In allem, was sie tut. Ich glaub, das liegt bei uns in der Familie. Mein Vater ist Bezirksrichter, meine Mutter Finanzberaterin. Wir SIND einfach SO. Wir Caras sind fokussiert und halten zusammen.

Wieder fällt mein Blick auf die leeren Plätze, da wo Elodie und Finn saßen. Ausgerechnet Finn. Der spürt sich ja überhaupt gar nicht mehr. Ein komplett Verlorener. Und von Finn also soll Frau Cara nun eine Ressourcensammlung anlegen und ein Stärkenblatt? Dem schleift's doch, dem Berisha. Wir sind doch hier nicht in einem Beschäftigungsprogramm!

Da wär mir sogar SAMUELE lieber. Ist zwar schlimm, dass sich seine Eltern scheiden lassen und die Kinder untereinander aufteilen. Aber Samuele packt das. Er kann sich bei allem, was passiert, immer auf sich selbst verlassen, er hat diesen unverrückbaren Glauben an sich. Das ist eine persönliche Ressource, auf die er bauen kann, wenn die familiären sich auflösen.

So. Mittagsklingeln. Frei. Nun muss ich aber WIRKLICH.

Draußen, im Wald, lasse ich ihre Hände los, eine feuchte Patsche links und eine rechts von mir. Ich nenn sie meine kleinen Geister. Neu bei uns ist Emilia, Finns kleine Schwester. Ihren Pfadinamen verrate ich aber nicht, der gehört ihr und nur sie hat das Recht, ihn Außenstehenden bekannt zu geben. Als ich damals meinen Pfadinamen bekam, war ich superstolz. Unsere Pfadi-Jüngsten sind die Biber, aber ich nenne sie Glühwürmchen oder meine Hosenmatze. Oder kleine Geister. Die mag ich am liebsten. Bei denen beklatsche ich noch alles, was sie tun. Danach kommen die Wölfe, dann die Pfader, dann die Pios und am Schluss die Rover. Den Wölfen

bringt meine Kollegin grad unsere Geheimschrift bei. Eigentlich war das Elodies Aufgabe, aber die ist ja nicht da.
In unserer Pfadi bieten wir ein Freizeitprogramm auf hohem Niveau. Wir spielen und genießen das Freisein in der Natur, wir lernen Erste Hilfe, bauen Sachen und erfahren so, wer wir sind. So erlangen wir auch unsere Namen. Mein Pfadiname ist Grizzly. FRAG NICHT.
Ich leite heute die Kleinen an, meine Glühwürmchen. Unter denen gibt's richtige Persönlichkeiten, sag ich dir. Für die mach ich alles. Die haben mein Herz verschluckt. Mein Ehrgeiz ist es ja, dass sie schmutzig und mit roten Bäckchen abends nach Hause gehen. Erfüllt von dem, was sie mit uns erlebt haben.
Ich werde grad aufs Leiterinnenleben vorbereitet und ich darf experimentieren und Dinge ausprobieren. Blöd war's nur, als zwei der Kids ihre Haare ebenso raspelkurz geschnitten haben wollten wie Elodie. Das gab dann ziemlich Aufruhr. Die Eltern sind zu viert anmarschiert, haben sich mit Vor- und Nachname UND Berufsbezeichnung bei uns vorgestellt, nur um zu demonstrieren, wer hier die Erwachsenen sind. Und dass sie es studiert haben, das Erwachsensein.
Unsere Leiterin konnte vermitteln. Wär schon schad gewesen, wenn die Knirpse nicht mehr hätten mitmachen dürfen. Haare wachsen ja ein Leben lang nach. Aber die Erfahrung, selbst über sich und den eigenen Körper bestimmen zu können, die muss man schon mal gemacht haben, wenn man will, dass das Gefühl von Selbstwirksamkeit später im Leben hält. Das sagte Elodie.
Wir haben auch Stämme, also Abteilungen. Wir können uns nicht nur innerhalb der gesamten Gruppe, sondern besonders auch innerhalb unseres Stamms aufeinander verlassen. Das ist wichtig. Auch deshalb nervt mich, dass Elodie einfach so verschwunden ist. Mir fällt grad ein: Vielleicht hat Berisha

diese Feuchtgebiet-Turnerei in der Ersten DESHALB mit uns gemacht? Wegen der Verlässlichkeit? Der Kameradschaft? Warum denke ich jetzt daran?

Vielleicht weil ich die Pfadi für die beste Führungsschule halte. Frische Luft, der Geruch von veganem Fleisch und Schlangenbrot im Feuer, Dreckkrusten an den Schuhen und dennoch eine top gebundene Krawatte. Meine Krawatte sitzt IMMER tadellos, da achte ich drauf. Überhaupt, wir sind nicht nur strukturiert, wir sind lösungsorientiert. Und wie alle Caras: voll fokussiert.

Mir wird zu Finns Stärken schon noch etwas einfallen. Meine eigenen habe ich bereits aufgelistet. Manchmal ist es eben gut, mit dem Leichten zu beginnen, damit man sich später steigern kann.

Heute will ich mich mit den Kleinen über eine Seilbrücke wagen. Eigentlich ist das noch nichts für diese Gruppe, eigentlich machen das erst die mittleren. Aber was will man, sie haben es sich in den Kopf gesetzt.

Unser Größter unter den Kleinen hält die Karte in der Hand. Richtig herum. Wie üblich wird er sekundiert vom Kleinsten. GUTER JUNGE, aus dir wird mal was.

„Na? Welche Stelle ist wohl die beste, um die Seilbrücke zu spannen?" Mit sicherer Hand zeigt er mir einen x-beliebigen Punkt auf der Karte. Gar nicht mal so schlecht. Ich nicke ihm zu. „Gehen wir da hin, probieren wir's aus."

Die Stelle ist recht nah beim Bänkchen, wo ich gestern Abfall liegen sah, Reste von mitgebrachtem Essen. Aber heute sitzen dort Eelamaran und Tekkie; ich winke ihnen kurz zu: „Nicht vermüllen!", sag ich, und Eelamaran hebt die Hand. Erst dachte ich ja, der Abfall könnte von Elodie sein ... Ich winke zurück. Ich find's gut, dass Eelamaran Fachmann Betreuung wird, das passt zu ihm.

Meine Kleinen schnauben. „Kommt, Kids!" In corpore klet-

tern wir nun zur angezeigten Stelle und besprechen, wie wir die Brücke über den Bach befestigen wollen. Wir haben alles dabei, was es braucht, und es ist für mich schon immer wieder erstaunlich zu sehen, welche Fähigkeiten die Kleinsten mitbringen und wie gerecht die eigentlich verteilt sind. Ich habe meine besten Motivatorinnen, meine prägendsten Vorbilder alle in der Pfadi gehabt. Nebst meinen Eltern, natürlich.
„Und nun?"
Die acht Kleinen drängen sich um mich herum, in sicherem Abstand zum Bach. Ich blicke in die Runde und frage, ob jemand eine Idee hat. Und das Schöne ist: Es hat IMMER irgendjemand eine Idee!
Unsere Regel mit den Kleinen ist, dass wir diese Idee gleich ausprobieren. Nicht lange diskutieren, machen! Wir probieren also Variante um Variante, wie wir zum einen die Brücke befestigen können und zum anderen danach über diese Brücke gelangen. Es ist nicht hoch, an der Stelle, an der wir uns befinden, würde sich wohl keins der Kinder verletzen, wenn es in den Bach hineinpurzelt. Nass würde es wohl. EINE Lehre pro Pfadinachmittag muss sein.

Abends, am Lagerfeuer, nachdem die Kinder einander so lange Quatschwörter zugerufen haben, bis sie heiser wurden, werde ich plötzlich ungewöhnlich nostalgisch. Keine Elodie lässt sich neben mir ins gelbe Gras plumpsen. Keine Hand, die meine Schulter abklopft, nichts. Es ist kühl, es ist eines der letzten Male, die wir bis so spät mit den Kleinsten draußen bleiben können. Trotz der umgeschlagenen Wolldecken. Trotz Klimaerwärmung. Trotz Trotz.
„Hei", sagt meine Leiterin.
„Hei", antworte ich.
Sie schlingt einen Arm um mich. „Ist doch alles gut gegangen?"

„Das ist es nicht", antworte ich.
„Bist du aber auch immer ein Brummbär."
„Ja, ja."
„Woran kummerst du denn so herum?", bleibt sie hartnäckig.
Also hole ich einmal tief Luft und rücke damit heraus, was mich beschäftigt: „Mich erinnert es irgendwie daran, dass nun bald alles vorbei ist. Die Kindheit, sozusagen."
„Kann dir doch sonst nicht schnell genug gehen, Blerta Cara?"
„Schon." Ich stochere mit meinem Ast im Feuer herum.
„Also, was ist?"
Ich dreh mich zu ihr um und schau ihr ins Gesicht. Sie ist eine junge Frau, deutlich keine Jugendliche mehr, aber die Wärme, die sie ausstrahlt, ist die einer guten Kameradin.
„Es ist nur, dass mich das heute am Bach an uns früher erinnert hat. Wie wir mal waren, meine Klasse und ich."
„Du meinst euer unverrückbares Gefüge? Euer Tanz über das Moor?"
„Heute gehen mir doch alle auf die Nerven. Wieso kann ich unsere Klasse nicht mehr so mögen wie in jener Nacht?"
„Ich weiß nicht, sag du's mir."
„Weil man sich irgendwann voneinander lösen muss? Weil das der Lauf der Dinge ist?"
Sie verstrubbelt mir die Haare, obwohl das etwas ist, das ich gar nicht leiden mag. „Ach, du Gscheitele", sagt sie und berührt meine Schulter. Ich greife nach ihrer Hand. Halte sie. Für einen Moment verweilen unsere Hände so und ich merke, für diesen Moment ist alles in mir: GUT.

Schreib-Insel: Memorandum an meine Mutter

Lob mich, wenn ich Anstrengungen unternehme, auf eigenen Füßen zu stehen, aber lass mir nicht alles durchgehen, wenn ich frech mit dir bin. Sonst lerne ich, dass ich mit Sprache Menschen manipulieren kann.
Lass mir meine Freiheit, aber nicht zu viel. Sonst lerne ich nie, womit ich andere verletze.
Vertrau mir, wenn ich etwas anpacke, das tut mir gut, aber lass mich ruhig wissen, wo du anderer Meinung bist als ich.
Sei nicht immer so tapfer, du musst mir nicht Mutter und Vater gleichzeitig sein, es ist o.k., wenn du einfach meine Mom für mich bist.
Dennis Seebacher

Schreib-Insel: Memorandum an (er weiß schon, wer gemeint ist)

Schau nicht immer gleich zur Seite, wenn ich in der Pause zu dir rüberschaue, ich nehme dich schon nicht deinen Kollegen weg. Aber du hast mich gefragt, ob ich mit dir gehen will, und ich hab ja gesagt. Das hat schon eine Bedeutung.
Komm auch mal in unseren Bereich des Pausenplatzes rüber, meine Klassenkameradinnen fressen dich nicht auf.
Sei einfach mein Freund, ganz öffentlich, denn ich bin da für dich.
Léannah Hugentobler

Flora Hauenstein

„Hey yo!
Sister 'n bro!
Machst dir in die Ho
-se, weil die verdammte Scho
-se überkocht?
Zermatschen sie dich in ihrer Schei
-ße?
Geh deinen eigenen Weg und bewei
-se
dass du es besser machst!
Du hast die Macht!" Ich lasse mich aufs Bett plumpsen und schaue zu Elodie rüber. Ich kann ihren Blick nicht lesen, also frage ich sie: „Wie findstes?"
„Ganz gut, hm."
„Findst, es ist deep genug?"
„Mh-m."
„Und meine Moves?"
„Sticky."
„Was soll denn das sein, sticky? Klebrige Moves?"
„Äh ..., ich dachte halt ..."
Ich schmeiß mich auf sie und halte sie mit meinem Körper auf dem Bett niedergedrückt. Sie lacht heiser. Ich lache laut. In mir wird kurz alles rot und wohlig warm. Wir setzen uns auf und klatschen uns die Hände, Versöhnung. Biesterliebe.
Ich hab sie bei mir untergebracht, sie hat nicht mal durchs Fenster klettern müssen, meine Alten raffen eh nichts, und nun hilft sie mir bei meinen Hausaufgaben und füllt mit mir diese Stärken- und Ressourcenblätter aus über uns selbst und

über je eine andere Person in unserer Klasse. Berisha sagte dazu: „Die Statisten zu Hauptfiguren ernennen. Denn wir erleben sonst immer nur uns selbst als Hauptfigur." Elodie hat mir bei meinem Blatt geholfen, ich hatte da echt keinen Bock drauf, kam mir plötzlich so nichtig und nicht wichtig vor, als ich über meine eigenen Stärken hätte schreiben sollen. So sülzig blöd. Das mit den Statisten und Hauptfiguren hat mich total durcheinandergebracht. Ich mein, ich bin der Star meines eigenen Lebens, oder etwa nicht?
Ich sag zu ihr: „Bist nun mal kein Gossenkind wie ich."
Sie sagt: „Du bist auch allerhöchstens mal ein Rinnsteinkind."
„Ey, verpiss dich, du Biest!"
Sie lacht über meine Ghettokidparodie. Aber etwas ist anders. Ich spür's. Schon vorhin, als sie mir geholfen hat. Sie ist abwesend, da und doch nicht ganz da. Da ist was, ich komm nicht dahinter, was. Elodie zieht die Beine an und umfasst ihre Knie mit den Armen. Ich fühle mich grad genervt von ihr. Sie ist so still, es ist überhaupt nicht lustig mit ihr heute. Dabei futter ich sie schon ein paar Tage durch und halte schließlich dicht, nicht?
Ich steh auf, richte meine Kleider, mein Shirt, die Trainingshose. Dann nehm ich meine Pose ein, ein halber Schritt vor, der zweite, Füße fest in den Boden gestemmt:
„Manchmal ist das Schülerleben cringe
und ich denk mir: Mensch ich spinn
so viel, wie an uns rumerzogen wird
verbogen wird
gelogen wird
irrt/irrst
so frag ich mich
ihr euch/du dich?
Oder etwa doch nur:
ich?"

Dann brech ich ab. Nur so ein spontaner Versuch. Muss in der Übung bleiben. Ich schüttle meine Hände aus. Lockere meine Schultern. Kreise meinen Kopf, bis es in den Wirbeln knackt. „Scheißkalt", sage ich und dreh die Heizung auf. Mein Blick fällt auf die eingekringelten Anzeigen, die mir meine Mutter hingelegt hat. „Kannst mir mal mein Handy?"
„Dein Handy – was?", fragt Elodie.
„Machst jetzt fett auf Berisha? Biste mein Deutschlehrer, oder was?", blaff ich sie an. Elodie kann damit umgehen. Sie weiß, dass ich es nicht böse meine. Sie nennt das meine verschiedenen Identitäten. Sie geht davon aus, dass ich variable Persönlichkeiten lebe, je nachdem, wo ich bin und mit wem grad so. Man ist nicht nur eines, sagt sie.
Mit meinen Eltern bin ich die Tiefseetaucherin. In deren Dauerzoff will ich mich möglichst nicht verstricken. Da würde ich krepieren wie eine Meeresschildkröte in einem Krebsfangnetz. Elodie sagt, dann soll ich mich halt an meine Großeltern halten. Die Eltern meines Vaters sind wenigstens stabil. Sie weiß das, sie war früher schon öfter mit mir da. Sie weiß auch, dass meine Großeltern an mich glauben. Sie sagen, dass ich es schaffen kann.
In der Schule hau ich mich ins Zeug. Ich melde mich, auch wenn ich nicht sicher bin, dass meine Antwort stimmt. Bringt trotzdem was, hat auch Blerta gesagt. Weil, die Rechnung ist einfach: Machst du gut mit in der Schule, hast du dort keinen Stress. Wenn mich der Berisha anpfeift mit seinem Sportlerpfiff, dann allerhöchstens wegen meiner Sprache.
Von meinen Biestern bin ich die mit der lautesten Schnauze auf dem Platz. Ist nur Show. Elodie weiß das, sie kennt alle meine Seiten. Eben Schwesterliebe. Früher sagten wir oft, wir sind mehr zusammen als echte Schwestern. Eigentlich andauernd. Weil ich diese Elternscheiße bei mir nicht aushalten will. Und ihre Eltern sind auch immer süß zu mir.

Sie hat den Lottosechser, sie hat den Jackpot geknackt. Weil ihre Eltern auch voll anständig miteinander sind. Die gehen miteinander um, die rempeln sich nicht gegenseitig ...
„Du hast die besten Parents
Entz-
zwei gehen die bestimmt nie
und nimmer
nur bei meinen
wird's schlimmer und schlimmer.
Sollen sich doch wie Samueles scheiden lassen
statt jede Nacht und jeden Tag den andern hassen ... Fuck."
Ich greif nach der Zeitung, tipp die Nummer ins Handy, warte – piep, piep – die eingekringelte Anzeige in meinen Händen.
„Hallo? Ja, hier ist die Flora Hauenstein. Ich möchte spontan anfragen, ob ich bei Ihnen schnuppern kommen kann. Wie? – Dritte. Ich bin schon in der dritten Sek. – Ja. – Nein. – Doch, das geht schon, mein Lehrer weiß Besch-, ja. – Cool, ich schick dann meine Details per E-Mail. Danke. – n' Schönen – ja." Ich bin baff. Das ging ja flott?!
„Eeeedel!", ruft Elodie aus und ihr Gesicht hat Sonnenstrahlen drauf.
Ich kann's noch gar nicht glauben. „Hab ich das wirklich grad gemacht? Boah, echt edel." Mir fällt ein Stein vom Herzen. Weil, ich dachte das ja eher so als Scherzanruf. Wer will schon anderen Leuten ins Maul reinschauen. Mein Vater sagt dazu Heiratsmarkt, man arbeite als Dentalassistentin ja doch nur, um möglichen Heiratskandidaten schöne Augen zu machen. Bei seinem Zahnarzt jedenfalls treffe er alle zwei Jahre auf eine neue junge Anwärterin. Äußerst peinlich findet er die, hat er gesagt. Aber nicht so peinlich wie ich ihn mit so einer sexistischen Aussage.
Ihm zuleide habe ich diese Nummer gewählt. Mit Attitude, oder wie Berisha sagt: einer gewissen Einstellung.

„Haltung zeigen, nicht ver
-schweigen, wer man ist
dann nur, ich sag's dir: dann ver
-pisst sich auch der letzte Arsch ...
Fuck. Was geht mit Arsch?"
Elodie schweigt. Ihr Gesicht ist jetzt eine Maske. Sie schaut sich in meinem Zimmer um. Liegt ein bisschen krass viel Gratis-Shopping von ihr da. Schuhe, Hoodies, BHs. Hat sie alles vor mir ausgekippt. Weil, ich mach gern Modeschau mit mir selbst, überleg mir so, was ich einmal anziehen werde, wenn ich erwachsen und berühmt geworden bin.
Nun starrt sie auf den Stapel voller Blätter und Zeitungsausrisse, die mir meine Mutter aufgehalst hat. „Ich schmeiß die jetzt in den Abfalleimer", setz ich dazwischen, „erledigt. Mit einer Lehrstelle, die geregelte Arbeitszeiten hat, komm ich zu Geld, mit Geld zu meinem Traum: meine Musik aufnehmen und auf der Bühne stehen."
Völlig aus dem Nichts sagt Elodie: „Musst dich dann aber schon anständig anziehen, wenn du dorthin gehst, nicht so dein Standard." Damit verweist sie mit einer fahrigen Hand auf die ganzen Sachen, die sie mir ungefragt angeschleppt hat. „Berisha sagte, die eigenen Kleider, ja, man soll sich ja nicht verkleiden, aber von den eigenen Kleidern die, die einen Zacken besser sind als ..."
„Hat's dir ins Hirn geschifft?" In mir wallt Zorn auf. Was predigt die jetzt von einen Zacken besser als normal? War ich etwa nicht dabei damals, als der Berisha und dieser Schauspieler uns diese Übungsbewerbungsgespräche haben auf Video aufnehmen lassen? Weil, bin ich denn blöd? Ich bin eh nicht Standard! Ich bin Flora Hauenstein, die beste Newcomer-Rapperin der Schweiz, nein, verdammt: Ich bin die beste Rapperin der ganzen Schweiz!
Sie schaut mich nur irgendwie traurig an. Oder gelangweilt?

Ich bleibe stur und behalte meine Schnute. Das ist meine Marke, weil ... ich muss anderer Meinung sein als die anderen. Das ist wie ein Zwang. Ich muss einfach. Mir gefällt nämlich nicht, wie sich dieses Gespräch hier entwickelt. Elodie findet es doch sonst gut, wie ich mich um mich selbst kümmere? Wie ich den Laden schmeiße? Mal echt jetzt: Wen sonst interessiert's, was ich fühle? Wer bin ich ohne Elodie?
„Ich bin die Queen of Dental Care
Bei mir ist Lächeln gar nicht schwer!"
„Ich find's gut, dass du's endlich anpackst." Sagt ausgerechnet sie. Die die erste Nacht beim Bänkchen oben übernachten wollte, weils zu kalt war, zum Bahnhof ging, von wo sie wegen ein paar schwarz gekleideter Hooligans die Fliege machte und zitternd zu mir geflohen ist. Sie blättert durch die Zeitungsausrisse und Internetausdrucke, die sie tatsächlich aus dem Abfalleimer gezogen hat. Das geht sie nichts an! Voll die Grenzüberschreitung das! Ich schimpfe: „Wie Malin etwa? Die hatte es ja extrem eilig mit ihrer Pferdefachfraulehrstelle, als warte irgendwo eine Ziellinie auf sie ... mit Lamettaschnitzeln, Pokal und Trophäe und so!"
„Nö. Malin ist eigentlich ganz in Ordnung, find ich", sagt Elodie und blättert jetzt in einem Musikmagazin. Dass sie mich nicht anschaut, bringt den Zorn in mir auf. Das Biest ignoriert mich doch nicht etwa absichtlich? Ich werf mich wieder auf sie, ringe sie mit meinem Körper nieder, sie lacht nur so gequält. Ich lass von ihr ab. Anderer Plan: „Hei, Elodie."
„Hm?"
„Kommst du morgen bitte wieder in die Schule? Meldest dich zu Hause? Ich finde, das geht jetzt vielleicht doch ein bisschen weit. Uhlmann und Berisha –"
Sie fällt mir ins Wort: „Kommst du mit mir in die Stadt? Schminke gratis shoppen?" Sie macht ihre Finger lang und wellt mit ihnen durch die Luft. Letztes Mal, als sie mich dazu

überreden konnte, etwas zu klaufen, hatten wir Tekkie dabei beobachtet, wie der Elektronik stahl. Eine Powerbank. Hat der doch gar nicht nötig, aber wir haben nichts gesagt.

„Nö", sage ich.

„Wieso nicht?"

Ich atme schnaubend aus. Sie sagt: „Dann geh ich halt mit Blerta."

Es sind nicht die Lyrics, die mir die Sprache verschlagen, denn ich weiß, dass Blerta nie und nimmer klauen würde. Es ist Elodies unbekümmerter Look. Diese Maske der Distanz, die sie trägt. Ich greif mir planlos meine Stärkenblätter, die Ressourcenblätter und plötzlich durchschießt mich ein Zweifel, ob sie mich richtig dabei angeleitet hat. Was vorher rot und heiß in mir war, wird jetzt dunkelschwarz. Manchmal bin ich voller Hass auf andere. Die einen so sicheren Boden unter den Füßen haben, eine Kindheit wie in Watte gepackt. Die sich erlauben können, einmal nur so kurz abzuhauen und dann irgendwann wieder auf der Bildfläche aufzutauchen, weil für sie nichts je ernsthafte Konsequenzen hat! Meine Kindheit? Meine Jugend? Die schwitz ich aus wie eine angehustete Krankheit.

Wenn andere denken, ich hätte kaum eine Chance, bei dem Elternhaus, denk ich voll Trotz: Täusch du dich besser nicht! Täusch du dich mal besser nicht, Elodie. Ich kann auch ohne dich. Selbst Skifahren hab ich gelernt. Dann werd ich ein Leben ohne dich auch packen ...

Früher hatte ich immer Angst davor, dass, wenn genug Leute von dir denken, dass du ein Asi bist, das dann auch wahr wird. Weil, das färbt dann irgendwie auf dich ab und du glaubst es plötzlich selber. Eines Morgens wachst du auf und glaubst es. Dagegen kämpfe ich an. Man hat sein Leben selbst in der Hand, sagt Berisha. Wenigstens das, was man aus dem macht, was einem das Leben in die Hand gibt. Oder, wie in meinem

Fall: vor die Füße schmeißt. Vielleicht sollte ich wirklich öfter zu meiner Omi und zu Opi. Ach! Ich dreh mich auf den Rücken, weg von Elodie. Ich dreh mich zur Wand. Leise summe ich und schnippe mit den Fingern einen Beat, dann beginne ich:
„Wir sind die mit den Sprechblasen über dem Kopf
in denen Gedanken hocken
die rocken
und die wir raus-
locken
wenn wir uns zugestehen
ehrlich zu sein
und uns zu zeigen.
Nicht wie diese ganzen Feigen
die sich in ein Leben werfen
das ihnen nicht entspricht
nur
weil alle Welt sagt
das muss jetzt so sein
in diesen Anzug musst du rein
das ist deine gottverdammte, deine scheißgesellschaftliche Pflicht."
Elodie unterbricht mich harsch: „Hast du auch wieder mal was zu Ende geschrieben? Hast du was Neues? Etwas Vollständiges für den Wettkampf?"
Ich mach ein Gesicht. Weil, ich hab natürlich recherchiert über die, die's geschafft haben. Die gehen zu Poetry Slams und räumen bei Battles ab. Ihre Lines sind so deep, weil sie auszusprechen wagen, was ist, oder weil sie Neues wagen, den Puls der Zeit fühlen, Zeitgeist vom Feinsten auf die Bühne tragen, was weiß ich.
„Was weiß isch?", versuche ich es mit Humor.
„Ne, echt jetzt, Flora?"

Ist wohl Zeit, dass ich ihr wieder mal meine verletzliche Persönlichkeit zeige: „Ich hab einfach Angst, dass, wenn ich das mache, ich meine Träume alle einzeln an mir vorbeiziehen sehen werde." Meine Stimme zittert echt krass, ich weiß grad gar nicht, woher das kommt. Zu viel Schauspiel? Wahre Angst?
„Welche denn am meisten?"
„Was weiß ich", platzt es aus mir heraus, „die Träume halt, dass ich was zu sagen hab, dass ich die richtigen Moves mache und jemand bin, von der man spricht!" Ich glaube, ich dreh durch. Elodie ist total verändert. Meint die, bloß weil bei ihr die Haare ab sind, bloß weil sie – und in Gedanken setze ich Anführungs- und Schlusszeichen – „abgehauen" ist, sei sie reifer als wir? Erwachsener?
Mit einem lauten „Aaaach!" stehe ich auf und beginne gezielt, Sachen aufzuräumen, damit ich die morgen am rechten Ort wiederfinde, damit nicht alles so zerschmissen aussieht, wenn ich aufwache. Weil, der Morgen ist der wichtigste Teil des Tages. Wenn man am Morgen schon an sich zweifelt ... ist man verloren! Weil, das ist ein bisschen ein Tick von mir. Abends alles an seinen gewohnten Platz legen. Ordnung schaffen. Wenigstens in meinem Königinnenland.
Nur dann schlafe ich ruhig ein.
Weil, ist halt so.
Ich nehm Elodie die Anzeigen weg und blättere sie durch. Ich runzle absichtlich die Stirn. Werf sie zurück in den Abfall: „Rest in peace."
„Bist du jetzt sauer?"
„Bin ich nicht."
„Freust du dich aufs Skilager?", fragt sie und ich könnte schwören, es klingt giftig. Elodie fährt natürlich supergut Ski, ich weiß, dass sie sich freut und bis dahin längst zurückgekehrt sein wird in ihr braves Leben. Ich zucke die Achseln.

Dass ich auf den Brettern runterkomm, weiß ich. Bloß nicht so schneidig wie die anderen. Ich runzle die Stirn und versuche gleichzeitig in meinem Spiegel, der schräg vor mir steht, zu prüfen, wie das wirkt. Im Augenwinkel sehe ich, dass Elodie an meiner Antwort gar nicht interessiert ist. Sie scrollt durch die Polizei-App, das macht sie, seit sie abgetaucht ist.
„Ne!", sagt sie und schüttelt den Kopf. „Der hat's doch voll wieder gemacht!" Sie hält mir eine Bildnachricht hin, darauf ist ein Getränkeautomat vom Bahnhofsplatz zu sehen, mit eingeschlagener Scheibe.
„Was haben diese Automaten Finn nur angetan, dass er die so hasst?", sagt sie und findet es furchtbar lustig. Ich find's ja nicht so lustig, dass sie sich jetzt um Finn kümmert. Weil, jetzt ist sie ja bei mir, und wie mir scheint: Wir haben was zu klären.
Aber ich steig halt dem Frieden zuliebe drauf ein und erwidere: „Der lernt nichts."
„Kraaasss."
„Woher willst du wissen, dass er das war?"
„Ich denk mir's halt." Aber mit ihren Gedanken scheint sie ganz woanders zu sein. Sie sagt: „Dabei fand ich den mal so süß. Mit seinen Traumlocken! War der eigentlich schon früher so?"
„Was meinst du? Abgefuckt oder lockig?", kontere ich.
„Na, du bist doch mit dem in die Mittelstufe gegangen, vierte bis sechste?"
„Schon." Ich überlege. „Finn war eigentlich ganz okay damals. Der hat halt in der Unterstufe die Dritte repetieren müssen, ist umgezogen, von der Stadt zu uns aufs Land, das war ein Frust für ihn, hat er mal gesagt. Aber, das ist ja schon ewig her. Vielleicht hat er Zoff mit seinen Eltern?"
„Meine Mutter kennt die", sagt Elodie. „Die sind voll nett, meint sie. Finns kleine Schwester, Emilia, geht bei meiner

Mutter in den Kindergarten und sie kommt seit Neuestem auch in die Pfadi. Blertas Gruppe."

„Man sieht halt nicht in die Menschen rein", murmle ich, aber Elodie bleibt in ihr Handy versunken. „Bei Tekkie versteh ich's ja ...", versuche ich Elodies Aufmerksamkeit zurückzugewinnen. „Seine Situation ist echt beschissen, die Mutter weiß jetzt ja nicht, ob sie wegziehen müssen, weil, denen fehlt jetzt ja das Geld, um die ganze Goldjungen-Scheiße weiter zu finanzieren."

Elodies Blick erschreckt mich. Sie sieht aus, als zähle sie bis zehn, bevor sie antwortet: „Ich finde es nicht so gut, wie du von anderen sprichst, Flora."

Was? Will die mich jetzt erziehen? Werden wir nicht schon genug erzogen von Schule, Elternhaus und bald auch noch vom Lehrbetrieb?

In meinem Kopf dreht: Mensch ich spinn / so viel, wie an uns rumerzogen wird / verbogen wird / gelogen wird / irrt/irrst / so frag ich mich / ihr euch/du dich? / Oder etwa doch nur: / ich? Scheiß gesellschaftliche Pflicht!

„Tssss!", sage ich und gehe zu meinem Schreibtisch. Sauer klappe ich den Laptop auf. „Ich muss denen noch meine Details schicken." Ich tue geschäftig. Das läuft ja gar nicht so, wie ich mir das vorgestellt hab. Nun kann ich wieder darauf warten, wer von uns als Erste eine Versöhnungsgeste machen wird. Während ich mit übertrieben lautem Anschlag tippe, scrollt Elodie auf dem Handy durch Social Media. Dann klickt sie sich zurück zu den Kurztextnachrichten. Ich weiß das, weil sie die Zahl 42 sagt. Sie zählt einen Countdown, rückwärts von 100, nach 100 Nachrichten will sie ihre Eltern informieren, dass sie lebt. Plötzlich höre ich sie, wie sie sagt: „Ui."

„Was?"

„WhatsApp vom Berisha."

„Was? Schreibst du etwa mit ihm?", frage ich.
Elodie sagt nichts. Weil, sie wird jetzt irgendwie bleich. Ich mein: sehr bleich.
„Waaas? Bitte, red mit mir!"
Wortlos streckt sie mir ihr Handy entgegen. Ich schnalze mit der Zunge, aber ich bin auch unruhig, weil sie mir nicht von sich aus sagt, was los ist. Widerwillig nehme ich ihr das Handy ab und halte es mir vor die Augen. Und lese. Und begreife nicht auf Anhieb das Unwahrscheinliche.
Das Unmögliche.
Wie erschlagen gebe ich ihr das Handy zurück und sage: „Woher weiß der das nun schon wieder?"
Elodie bleibt stumm. Mir wird klamm, das ist jetzt wirklich ernst: „Dürfen die das denn?"
Fast stimmlos sagt sie: „Können wohl nicht anders ..." Sie beginnt zu zittern. Ich will sie in den Arm nehmen, aber sie wehrt mit einer Bewegung ihrer Schulter ab. Ich weiß, dass sie nur deshalb „abhauen" konnte, weil sie sich sicher fühlte. Jetzt ist das eine ganz andere Sache, jetzt ist die Sicherheit weg, aber dummerweise beginnen ausgerechnet jetzt meine Eltern ihren abendlichen Streit. Ihre Schimpfworte und gegenseitigen Beschuldigungen dringen durch die Wände. Elodie zieht sich von mir zurück, als sei ich ansteckend.
Wär ja zu schön gewesen, wenn wenigstens ein Abend lang Ruhe geherrscht hätte bei den Hauensteins.
„Der Berisha hilft dir sicher. Ich helfe dir auch", probiere ich.
Peng! Meine Mutter hat eine erste Tür zugeknallt. Die Stimme meines Vaters donnert. Durch meinen Kopf schießen die Gedanken: Dann nehm ich Elodie eben mit in die Dentalhygiene-Bude und wir machen die Lehre gemeinsam, Schulter an Schulter. Oder – anderer Plan: Ich mach Elodie zu meiner Managerin und zahl ihr einen fetten Lohn.
Peng! Meine Mutter hat eine weitere Tür zugeknallt. Ich

werde Elodie nicht hängen lassen. Ich wiederhole: „Ich helfe dir, Eli." Und dann etwas leiser, weil mir gar nichts mehr einfällt: „Und Blerta sicher auch. Wollen wir Blerta anrufen? Komm, wir sagen ihr, was los ist und dass du bei mir bist." Elodie schluchzt und zieht sich den Rotz hoch. „Ja", sagt sie tatsächlich und das ist wie eine Keule gegen meinen Magen. Weil, was will die jetzt Blerta anrufen, wenn ich, ihre ewig beste Freundin, nur zwanzig Zentimeter von ihr entfernt sitze?
Und jetzt steht sie auf.
Und jetzt greift sie nach ihrer Jacke – ich fasse es nicht! Geht die jetzt zu Blerta, echt? Blerta, die sich doch nur wieder aufs Podest stellen wird? Anderer Plan – aber mir fällt kein anderer Plan ein.
Sie sagt und berührt mich an meiner linken Schulter dabei: „Ich freu mich aber für dich, ehrlich." Elodies Blick ist filmreif.
Viper! Falsche Schlange, denk ich nur und reiß mich los.

Als sie weg ist, fühle ich mich unversöhnlich. Aufgewühlt. Allerdings wüsste ich auch nicht, wie ich reagieren würde, wenn sich die Lehrstelle, die man mir vertraglich zugesichert hatte, in Luft auflöst, weil das Reisebüro Konkurs angemeldet hat. Wenn zu vieles zerbricht, will man doch einfach nur nach Hause.
Aber zu Blerta? Schwester, echt jetzt?

Schreib-Insel: Memorandum an meine zukünftige Lehrmeisterin

Haben Sie Geduld mit mir, ich bin nicht immer der Schnellste, aber ich bin ein guter Mensch. Lachen Sie viel mit mir, ich glaube, mit Humor kommt man bei mir am weitesten. Haben Sie Vertrauen in mich, mit Gerätschaften gehe ich sorgfältig um (und mit Pferden auch). Wecken Sie mich auf, wenn ich träume, manchmal wandern meine Gedanken und dann stehe ich wie ein Pfosten da. Lassen Sie mich zwischendurch meine Sorgen vergessen, oder haben Sie vergessen, wie viel Sorgen man sich als Jugendlicher macht?
Nico Meister

Schreib-Insel: Dankesbrief an Herrn Uhlmann

Lieber Herr Uhlmann. Cool war's, diese Jahre mit Ihnen als Schulsozialarbeiter. Wie oft bin ich wohl bei Ihnen gesessen und hab mit Ihnen Karten gespielt? Ich wünschte, Sie hätten Striche an der Wand gemacht, wie die Striche, die man am Türrahmen anbringt, wenn die Kinder älter werden, wachsen.

Auch ich bin älter geworden und gewachsen. An den Herausforderungen, meinen Ansprüchen an mich selbst, am Bild vom Ehrenmann, der ich einmal sein will.

Und obwohl ich nicht weiß, wie mir das dereinst gelingen wird, weiß ich, wie ein Ehrenmann ist: entspannt, witzig, offen, Sicherheit gebend und einfach: so wie Sie.

(Herr Berisha, diesen Dankesbrief will ich abschicken, hab ich alle Kommas richtig gesetzt? Bitte kontrollieren Sie das für mich, danke).
Samuele Rossi

Dennis Seebacher

„Was für ein letztes Schuljahr! Erleben andere Klassen auch so viel wie unsere?"
„Samuele sagt: Die Karten werden im Leben immer wieder neu gemischt. Mutig und ausdauernd geht er seinen Weg, das sind seine Stärken."
„Trotzdem, ich finde, da passiert grad gehörig was."
„Bei den meisten", antwortet Liv, „hat sich doch alles zum Guten gewendet? Elodie ist wieder da. Und du bist auch nicht mehr so mürrisch, wie du früher warst." Liv erzählt mir, während sie vom Rad steigt und ihr Handy vom Lenker schraubt, sie habe früher um mich immer einen Bogen gemacht. „Und jetzt kommst du sogar mit mir auf Schatzsuche."
Ich sag ihr jetzt nicht, dass ich das ja muss. Obwohl es mir zuvorderst auf der Zunge liegt, aber vielleicht meint sie ja gerade das. *Diese Art* von mürrisch. Ich steig ebenfalls vom Rad und frag: „Und nu?"
Ich bin mit Liv in Sachen Geocaching unterwegs. Ich soll eine meiner Signaturstärken neu ausprobieren. Zuerst hat uns der Berisha mit Beurteilungen gemartert ... Selbstbeurteilung und Fremdbeurteilung in Bezug auf persönliche Ressourcen von sich und anderen. Aber dann kam er mit Charakterstärken an. Die Charakterstärken sind was Tolles! Berisha sagt, dass Menschen nicht nur darüber nachdenken sollten, was sie traurig oder wütend macht, sondern auch darüber, wie sie ihr Glücksgefühl steigern können. Also ließ er uns einen unendlich langen Fragebogen ausfüllen, den Charakterstärkentest. Dabei schälten sich dann die Charakterstärken heraus, die einen am meisten prägen. Und das sind die Signaturstärken.

Bei mir ganz oben stehen Stärken wie Kreativität, Neugier und Liebe zum Lernen. Das alles gehört in den Bereich Weisheit und Wissen, aber das ist mir momentan egal, denn das Tolle daran finde ich, dass Berisha uns aufgetragen hat, während eines Schulmorgens eine unserer Signaturstärken in neuem Umfeld auszuprobieren. Und da bin ich jetzt: mit Liv auf Schatzsuche. Denn obwohl mir zuerst unwohl war bei dieser Wahl, beginnt in mir jetzt die Neugier zu kribbeln. „Und hier soll auch etwas versteckt sein?", frage ich und zeige mit der Hand nach vorn: Wiesenbord, verwitterte Holzbrücke, Flüsschen.

Liv scrollt durch ihr Handy und sagt: „Der Cache ist mittelschwer versteckt, mittelgroß und ...", sie schaut sich prüfend um, lächelt, „wir suchen jetzt einfach mal." Ich bin mir nicht sicher: Hat sie etwa schon eine Ahnung, wo er ist? Mittelgroß, das sei in etwa eine Tupperwarebox wie für ein Pausenbrot, und mittelschwer halt mittelschweres Versteck – muss ich mir etwa die Füße nass machen? Liv sucht unter der Brücke. Ich möchte mir meine neuen Turnschuhe nicht schmutzig machen, aber das Wintergras ist alt und der Boden hart, meine Neugier wächst, also gehe ich zu Liv. Geocaching – Liv sucht mit ganzem Eifer. Sie hebt Bollersteine auf, fährt mit der Hand in Nischen zwischen Brückenpfeilern und Planken, und irgendwie steckt mich das jetzt an. Passt schon zu ihr, dass ihre Signaturstärken vor allem im Bereich der Menschlichkeit sind, sie lacht mir voller Freude ins Gesicht. „Macht Spaß, ja?"

„Macht Spaß, wenn ich ihn vor dir finde", sage ich. Und überwinde mich und fasse ebenfalls zwischen glitschige Planken. Irgendwie gibt mir das etwas. Was, frag ich mich grad, gibt es Schöneres, als auf einem Wiesenbord unter einer morschen Brücke zu stehen und seinen ganzen Grips anzustrengen, wo so eine Box versteckt sein könnte? *Ziemlich* cool, Berisha hatte recht.

Ich könnte das ja nie, Lehrer sein. Aber *er*. Nun also hat er das Fach „Glück" in unserem Stundenplan untergebracht, danach geht's noch einmal in ein Skilager, und dann beginnt schon bald mein Leben 2.0.
„Darf ich dich was fragen?"
„Frag", sag ich.
„Wieso warst du früher so abwehrend?"
„War ich das?"
„Es standen doch immer alle Mädchen nur auf dich."
Ich halte im Suchen inne, frage mich, ob ich ihr das sagen kann. „*Geheimnis* jetzt: Ich fand's manchmal schon gespenstisch, wie ihr mich angestarrt habt. Und ihr habt immer nur vom *Hübschen* gesprochen – das würde doch auch dich zum Austicken bringen, nicht?"
„Nein."
„Das würde jeden zum Austicken bringen." Erkenntnis jetzt: Lange glaubte ich, ich sei in Elodie verknallt. War falsch. Wir sind zu verschieden. Ich mag sie. Aber halt einfach als Kameradin. Was sie da abgezogen hat, find ich, war zu viel. Aber auch ihr gegenüber bleibt der Berisha ruhig.
„Hast du schon was?", frag ich Liv, und sie antwortet nein, wir müssten weitersuchen. Dabei habe ich sie nach einer Lehrstelle fragen wollen. Seit Kurzem probiere ich diese Worte, wenn man mich fragt, antworte ich selbstbewusst: Ich werde Grafiker. Das ist ein guter Start. Findet auch meine Mom, obwohl sie mir Zeit lässt, sie drängt mich nie.
Lehrerin könnt ich mir bei Liv vorstellen, für kleine Kinder. Doch. Glaub ich. Sie könnte das. Ich nie. Und mit älteren schon gar nicht. Einen Schüler wie Finn, zum Beispiel, würde ich glatt von der Schule verweisen. Am besten permanent. So wie der sich benimmt, wird er auch nie einen Beruf erlernen, ob ihn sein Vater nun einsperrt oder nicht – das hat mir Matus erzählt. Ich wünschte, Berisha wäre etwas

strenger mit ihm. So einen würde ich ganz sicher nicht mit ins Skilager nehmen.
Letztes Jahr im Skilager hatten wir so viel Spaß! Nico hatte ein Furzkissen unter Livs Matratze geklemmt und vom Fenster aus haben wir mit unseren Handykameras draufgezielt. Wie die hochgejuckt war! Unbezahlbar! Vielleicht meinte sie auch das, als sie vorher über mich sprach. Ich hab schon viel Blödsinn gemacht und mich wenig um die Gefühle von anderen geschert. Berisha hat uns allerlei Scheiß durchgehen lassen. Nur so geguckt, wie er halt guckt. Oder streng gepfiffen.
Bei einhundertsiebzig Kids und dreißig Lehrpersonen gab's letztes Jahr drei gebrochene Handgelenke und eine herausgesprungene Kniescheibe. Berisha fand das eine annehmliche Statistik.
„Komm", sagt Liv und streckt mir die Hand entgegen. Wir klettern auf die andere Seite des Flüsschens, es ist ein bisschen so wie damals in der Hartholz-Aue. Dabei hätten wir gut die Brücke nehmen können, statt uns unten durchzuwursteln. Liv lächelt wieder so wissend. Das stachelt mich an, ich suche nun mit den Fingern im alten gelben Gras, wische Büschel weg, taste über die Erde.
Seit dem letzten Jahr bin ich nicht nur ruhiger geworden, ich bin auch richtig hochgeschossen, sagt meine Mom. Ein Bär. Ein großer blonder Bär bin ich.
„Nico hat die Stelle als Hufschmied bekommen", sagt Liv wie aus dem Nichts. Oder weil sie eben doch kapiert hat, was ich vorhin meinte. Plötzlich halten meine Hände ein Büschel Efeu hoch, Efeu, der aus Kunststoff ist. Hä? Liv lacht mich aus.
„Was?", ich traue meinen Augen nicht: Unter dem falschen Büschel Efeu liegt eine kleine Kunststoffschachtel in der Erde.

„Du darfst sie aufmachen", sagt Liv und glüht regelrecht vor Glück. Aber auch mir ist heiß und ich spüre, wie Entdeckerglück mich flutet. Ich öffne meinen ersten Cache. In der Schachtel liegen ein kleines Schreibheft und ein Stift. Liv verewigt unsere Namen darin und den Zeitpunkt des Fundes. Dann fingert sie an den Gegenständen rum, die sich auch noch in der Schachtel befinden: Holzeselchen, kleine Kerze, Legomännchen. Sie gibt einen Knackfrosch-Handwärmer mit Werbeaufdruck hinein und nimmt das Holzeselchen raus und steckt es sich in die Tasche. Dann schaut sie auf ihr Handy. „Wenn du noch für deine Mutter einkaufen willst, musst du jetzt wohl los", sagt sie. Ganz Fürsorge. Ich denk noch: Liv hat's zwar mit dem Unsichtbaren, sie ist in unserer Welt dennoch *voll verankert.*

„Ich komm aber wieder einmal mit", sag ich und helfe ihr das Bord hoch. Zurück zu unseren Rädern nehmen wir jetzt die Brücke. Da ist mein Frieden noch komplett.

Als ich später Finn am Bahnhof zum ersten Mal so richtig zur Kenntnis nehme, hat er gerade seine Faust in Matus' Gesicht kleben.

Aber der Reihe nach.

Am Bahnhof stoße ich auf Patrice von der Parallelklasse. Der kauft grad eine Wochenration Klopapier ein, wie mir scheint. Wir sind in etwa gleich groß. Zwei große Jungs. Wir nicken uns kurz zu. Ich halte mich an meine Prinzipien und fang jetzt nicht die lässige Unterhaltung mit ihm an. Bei den Jungs aus den anderen Klassen weiß man nie, wo die Minen begraben liegen.

Ich reihe mich drei Köpfe hinter ihm vor der Kasse ein. Mein Earplug sitzt nicht richtig, also drück ich ihn mir wieder ins Ohr. Ich nicke möglichst unauffällig zum Takt. Mit dem Daumennagel versuche ich mir die Erdkrümel unter den Finger-

nägeln herauszuklauben. *Ziemlich* sinnlos. In der anderen Hand halte ich das Katzenfutter und den Katzensand. Meine Aufgabe, die ich für unsere kleine familiäre Gemeinschaft zu erledigen habe, sind die Katzen.
Als ich ein kleines und noch komplett unberechenbares Monster war, wollte ich unbedingt eine Katze. Ich habe jede zweite Nacht ins Bett gemacht, und meine Mom hielt das dann wohl irgendwann für eine gute Idee: *Gib dem Jungen eine Aufgabe, und er wächst aus dem Trauma raus.* Wir haben nur zehn Minuten im Tierheim verbracht, da wusste ich schon, welche Katze es sein musste. Die wilde Schwarze. Dummerweise gehörte zu der noch eine zweite, eine etwas dickliche, aber mit einem lieben Rundgesicht. Grau-beige, so verwaschen im Muster. Also gingen wir mit zwei, und nicht wie anfänglich geplant, mit nur einer Katze nach Hause. Und ich konnte sie auch nicht Zorro und Milky Way nennen – ich war *acht!* –, denn diese Katzen hatten bereits ihre Namen. Sie hatten sich im Tierheim miteinander angefreundet. Und eine Freundschaft, die unter erschwerten Verhältnissen entsteht, zerstört man nicht.
So kamen Harry und Hermine zu uns.
Tja. Ich bin also an der Kasse angelangt, kurz fliegt mein Blick auf und zum großen Schaufenster raus: Da draußen geht grad irgendwas ab. Ein Lärmen. Eine Dose rumpelt über den Bahnsteig. Ich dreh mich um, sehe Patrice, wie er die Straße runtergeht im Eilschritt, und weg ist er.
Ich zahl und geb mich ansonsten teilnahmslos.
Ich geh aus dem Laden. Ich dreh nach links. Dreh die Musik in meinen Earplugs etwas lauter, und als ich den Kopf hebe, um zu schauen, was dort drüben beim Fahrradständer los ist, sehe ich ihm direkt in die Augen: Finn. Wie er seine Faust in Matus' Gesicht knallt, wie Matus zu Boden geht, dann wie Finn seinen Stiefel auf Matus' Schädel drückt. Das alles in

einer raschen zusammenhängenden Sequenz, als sei's eine perfekt getimte Filmszene. Mir fallen fast die Einkäufe aus der Hand.
Finn gafft wortlos zu mir rüber. Mein Blick fährt zu Matus, ich bezweifle, dass er mich sieht. In Sekundenschnelle blitzen Erinnerungsfetzen an Gespräche auf, die ich auf dem Pausenhof aufgeschnappt habe. Hooligans. Zoff im Quartier. Samstagsmatch. Eine immer größere Gewaltbereitschaft. Dann ein lautes Brüllen.
Alarm! In meinem Kopf schrillt es. Ich bezweifle, dass diese grölenden Hooligans hinter und neben Finn seine Gang sind. Aber ich erkenne, wie er ihnen imponieren will. Jetzt sehe ich, er trägt Schwarz. Und auch sie sind so gekleidet, wie man das auf Bildern sieht, sehr schwarz, und sie sind so laut, wie man das auf Clips sieht, *sehr laut*, und es dauert bestimmt nicht mehr lange, bis der erste seine Bierflasche gegen den Boden, die Schienen oder einen Zug schmeißen wird. Dann kullern nicht mehr nur leere Dosen ...
Mein Blick fliegt zu Matus. Er sieht nicht sehr gut aus, in meinen Ohren beginnt es zu pfeifen, und dann merke ich, dass mich Finn fixiert. Ich merke es, weil meine Augen zittern. Das ganze Bild vor mir zittert.
„Was glotzt du, Turnbeutelvergesser?!", brüllt er.
Wenn's nicht so traurig wär, könnte man an dieser Stelle lachen. Ich lache nicht. Ich erkenne, dass Matus weint, stumm, mit verzerrtem Gesicht. Oder vielleicht sieht es auch nur stumm aus, weil in meinen Ohren dieses infernalisch grelle Pfeifen ist. Und das kommt jetzt nicht von meinen Earplugs. Die müssen mir nämlich irgendwann vorhin rausgefallen sein oder ich hab die unbewusst rausgenommen, ich weiß es nicht.
Mein Blick bleibt auf Finn gerichtet.
Dieser Moment dauert schon viel zu lang.
Dieser Moment dauert vielleicht nur wenige Sekunden in real.

Schon ist die Meute los und prügelt sich jetzt mit einer Gruppe Fußballfans der anderen Mannschaft, der feindlichen, die offenbar auf Gleis drei aus dem Zug gestiegen ist. Ein Bahnbeamter schaut sorgenvoll zu uns herüber und spricht in sein Handy. Mein Blick flitzt zurück zu Matus, ich bete, *bitte bitte bitte*, lass den Beamten die Polizei rufen, *schnell*!
Matus keucht. Finn hält ihn unten. Tut sonst nichts. Scheint ebenfalls überrascht von den Ereignissen. Als mich eine Flasche an der Schulter trifft, will ich nichts wie weg, aber so ein besoffener Hooligan hält mich an meiner Jacke fest, kotzt mir voll über die Schuhe und mein Hirn so völlig banal: *Nicht meine neuen Schuhe!*
Wenigstens kann ich im Gemenge erkennen, dass Matus jetzt wieder frei ist. Er steht taumelnd da, stützt sich mit einer Hand gegen die Wand ab. Wo Finn ist, weiß ich nicht, auch ich rapple mich auf und höre die Polizeisirene.
Der Rest geht sehr, sehr schnell. Wir werden auseinandergedrängt von Polizisten. Die einen hier, die andern dort, die dritten drüben. Ich werde befragt. Ich habe keine Ahnung, was ich sage, ich schaue zu Matus, der übel aussieht. Aber ich darf nach Hause, ich muss lediglich meine Personalien angeben, ich kann hier einfach weg und gehen. Mein Rad lass ich stehen.

Erst, als ich wieder zu Hause bin, merke ich, dass meine Lippe aufgeplatzt ist. Ich lecke mein Blut. Danach lasse ich mich von meiner Mom versorgen. Pflaster hier. Essigsaure Tonerde da. Verband drumrum. Voilà. Umarmung. Es tut mir gut, dass ich umsorgt werde. Manchmal denke ich, in mir schlägt das Herz eines Babys.
Das Telefon klingelt. Mom geht ran. Sie spricht leise mit jemandem und legt dann auf. Morgen ist auch noch ein Tag, sagt mir ihr Blick. Oder übermorgen. Aber ich bin noch zu

aufgewühlt. Ich schwanke zwischen dem Gefühl von *ich bin völlig zerstört* und *wow, hab ich das eben wirklich erlebt?* Ich weiß, *wow* ist an dieser Stelle wirklich unangemessen.

Am Abend summt mein Handy. Léannah textet mir. Es war Patrice, der die Polizei gerufen hat, das erfahre ich von ihr. Sie will wissen, wie's mir geht und ob bei mir auch der Uhlmann angerufen habe. Wie der das so schnell erfahren hat, keine Ahnung.
Patrice wusste offenbar noch mehr. Ein Polizist soll mit seinem Knüppel gegen Finn vorgegangen sein. Gegen seinen Fuß, das kickende Bein … die ganze Situation sei kompliziert. Ich weiß grad nicht, was ich davon halten soll. Ich bin irgendwie *betreten*, obwohl man diesen Begriff bestimmt ersetzen müsste, wenn dieser Text je gedruckt würde. Aber vielleicht würde man ihn auch absichtlich drin lassen. Ich bin zwar nicht der Oberverdränger, aber als Léannah sich mit einem bekümmerten Smiley verabschiedet, fällt doch eine Anspannung von mir ab.
Einen Moment warte ich noch. Einmal noch will ich tief durchatmen. Dann rufe ich nach meiner Mom.
„Mom", rufe ich, „*Mom*! Magst du dir mit mir einen Film anschauen? Gemeinsam mit den Katzen auf dem Sofa? Mir ist grad nicht so nach Alleinsein, weißt du." Ich glaub, ich brauch sie jetzt.

Schreib-Insel: Metapher

Freunde sind Laternen im Dunkeln. Sie beleuchten mit ihrem Wesen den Weg, den du gehst, und bleiben felsenfest in ihrer Standhaftigkeit, während deine Schritte zittern.
Tekkie Lax

Schreib-Insel: Metapher

Freunde sind Gestaltwandler. Sie können groß, klein, dick, dünn, rot, grün, blau oder gelb sein, es ist nicht wichtig, wie sie aussehen, es ist nur wichtig, dass man sie spürt. Viele von ihnen mögen Tiere. Manche Freunde mögen Pferde. Ich mag Freunde.
Liv Angerer

Liv Angerer

Es sind noch immer Spuren zu erkennen. Ein zertrümmerter Abfalleimer, hier und da Brandflecken, Glasscherben zwischen den Gleisen. Aus dem Klassenchat weiß ich, dass es hier gestern eine Massenprügelei gegeben hat, in die auch Kameraden von uns verwickelt waren. Auch Dennis, aber ihm geht es gut, er hat ein Daumen-hoch-Emoji verschickt. Die Lichter über den Zugtüren blinken schon laut und Tekkie, Eddie und ich rennen, damit wir es schaffen. Ich habe ihm spontan angeboten mitzugehen. Tekkie will seinen Vater besuchen und Eddie und ich finden das eine gute Idee.
Im Zug erzähle ich Tekkie von unserer Karola, der Schildkröte. Sie ist gestorben, wir wissen nicht warum. Denn eigentlich werden Schildkröten sehr, sehr alt, die älteste Schildkröte der Welt ist, glaub ich, einhundertneunzig Jahre. „Wir haben sie hinten im Garten begraben. Jetzt bekomme ich ein neues Haustier", sage ich und wende mich von Eddie ab und Tekkie zu. „Meine Mutter arbeitet in einer Tierhandlung." Gedankenverloren sagt Tekkie: „Wenn doch Bandit nur auch bald sterben würde!" Ich schaue ihn an, versuche ihn ganz in meine Augen aufzunehmen. „Bandit ist unser alter Hund."
„Ich weiß. Ich hab ihn gesehen, bei deinem Geburtstag damals."
Tekkies Füße kicken gegen den kleinen Abfallbehälter, der unter dem Fenstersims des Zugabteils angebracht ist. Ich frage: „Wieso willst du, dass Bandit stirbt? Weil er furzt?" Aber Tekkie starrt nur zum Fenster hinaus in die weite, flach atmende Landschaft. Sie ist grau und kalt, aber es liegt kein

Schnee im Unterland. Alles sieht hässlich aus, schmutzig und erstarrt, überhaupt nicht wie Winter. Als ich mit Eddie zu flüstern beginne, schaut mich Tekkie scheel an. Dann fällt mir die Packung Chips ein, die ich dabeihabe. Ich nehme meinen Rucksack, zippe den Reißverschluss auf und ziehe sie hervor.
„Magst du?", frage ich Tekkie. Sein kühler Blick braucht einen Moment, um sich vom Fenster zu lösen. Schließlich lächelt er mir doch warm zu und steckt seine Hand in meine Tüte. Etwas Schweres wabert um ihn.
Eddie isst keine Chips. Eddie isst wahnsinnig gesund. Da bleibt mehr für mich vom Ungesunden. Dass Eddie schon so lange mein bester Freund ist, grenzt an ein Wunder. Wir ticken komplett unterschiedlich, er und ich. Viele mögen ihn nicht, weil er so klugscheißerisch ist. Aber er war immer für mich da, wenn ich ihn brauchte. In jeder Krise. Monatelang habe ich ihn kaum gesehen und dann wiederum musste ich ihn verscheuchen, weil er keine Ruhe gab. Uhlmann und Berisha sollen ihn ja nicht mitbekommen.
Meine Mutter findet, es sei höchste Zeit für mich, allein klarzukommen, ohne ihn. Dabei wünschte ich ihr selbst einen Eddie.
Ich denke so diese stacheligen Gedanken, da holt mich Tekkies geschmeidige Stimme zurück ins Zugabteil und zum Gespräch, das vorhin zwischen uns abgerissen ist. Er sagt: „Weil ich dann vielleicht auch ein neues Haustier bekommen würde. Darum." Er schaut mich sehr traurig an und es sticht in meinen Augen, weil ich in dem Moment das Gefühl habe, dass er eigentlich von seinem Vater und nicht von einem Haustier spricht. Eddie nickt bedächtig, also mache ich das auch. Eddie zeigt mir, wie ich mich verhalten soll. Darauf ist Verlass in anspruchsvollen Situationen.

Bis wir in der Stadt anlangen, erkläre ich Tekkie, welche Schätze Dennis und ich aufgespürt haben. Tekkie findet Geocaching grundsätzlich eine gute Sache und verurteilt mein Hobby nicht. „Manchmal klaue ich Dinge", sagt er. Das überrascht mich. Tekkie klaut? Und wie um mir mit seiner Antwort zuvorzukommen, sagt er: „Dinge, die ich gar nicht brauche. Das sind dann meine Schätze."
Eine Weile benötige ich, bis ich die Lösung weiß. Ich sage: „Die Dinge brauchst du nicht. Aber das Klauen." Er schaut mich an. Dann schaut er zu Eddie und schmunzelt. „Du meinst, das eine ist nicht zugleich das andere?"
„Das eine ist das eine, und das andere ist das andere. Kein Zusammenhang."
„Wie du und Eddie." Er klingt wie ein Erwachsener, und ich wende mich ab. Auf der anderen Seite des Ganges gibt's auch ein Fenster, zu dem ich hinschauen kann. Aber ich merke, dass er mich freundlich betrachtet. Ich spüre es vom Scheitel bis zu meinen Zehen.
Als wir aussteigen, schlägt uns ein eisiger Wind seine Tatzen ins Gesicht. Tekkie berührt mich kurz an der Schulter: „Lass Eddie draußen, wenn wir zu meinem Vater gehen, ja?" Weil er das in einem warmen Tonfall sagt, nicke ich.
Trotzdem bin ich verstimmt. Ich achte darauf, dass ich immer einen Schritt schräg hinter ihm gehe. Das macht ihn nervös. Das hat er verdient.

Im Gefängnis ist es anders, als ich mir gedacht habe. Wir warten in einem Vorraum, der auch der Vorraum einer Badeanstalt sein könnte, der Vorraum einer Fabrik. Oder der Vorraum einer Schule. Einzig, dass auf dem Boden kein Teppich liegt, zeigt an, dass es nicht der Vorraum zu einem Büro ist. Die Wände sind von einem schweren Weiß, einem Weiß, das sich kaum aufrecht halten kann, so schwer ist es. Alt irgend-

wie. Eine Uhr tickt und betont das Alter zusätzlich akustisch. Während wir auf Tekkies Mutter warten, die uns begleiten muss, weil wir noch nicht volljährig sind, lasse ich meine Beine baumeln. Dazu strecke ich sie vor mir aus, nur dann kann ich sie in den Knien biegen und in der Luft auf und ab schwingen, den Oberkörper zurückgelehnt an die schwere Wand. Mir geht Tekkies „Ach, wenn doch Bandit auch sterben würde" nach. Meine Mutter hat sicher nicht gewollt, dass mein Papa stirbt. Als er starb, war ich acht. Ich sei zusammengebrochen, hat sie gesagt. Ich selbst erinnere mich nicht daran. Ich erinnere mich nicht, wann ich zuletzt mit ihm gesprochen habe, oder gespielt. Ich erinnere mich nicht an seine Stimme. Ich erinnere mich nicht, ob er kalte oder warme Hände hatte, oder wie er roch, wenn er von der Arbeit nach Hause kam und welche Farbe seine Worte im Raum verbreiteten. Mein Vater war Feuerwehrmann. Er ist aber nicht bei einem Einsatz ums Leben gekommen und auch nicht bei einer seiner Tourenwanderungen, von denen noch zwei Fotos bei uns gerahmt stehen. Es war Krebs. Bauchspeicheldrüse. Alles ging sehr schnell. Übelkeit. Diagnose. Tod. Dann war mein Papa nicht mehr da.
Und Eddie kam.
Meine Mutter war sehr lieb zu mir, obwohl sie doch selbst Trost gebraucht hätte. Sie hat Eddie akzeptiert und einen zusätzlichen Teller aufgedeckt. Manchmal sah ich sie weinen, wenn sie das tat. In der Schule hatte sie lange mit der Heilpädagogin gesprochen und später mit dem Schulsozialarbeiter. Eine Zeitlang musste ich in eine Spieltherapie. Aber auch daran habe ich die meisten Erinnerungen verloren. Nur, dass es dort immer sehr stark nach Plastilin roch, dieser bunten Knetmasse, aus der ich Tiere formte. Daran muss ich denken, als wir hier im Wartezimmer des Gefängnisses Löcher in die Luft starren und ich meine Füße wieder auf den Boden

stelle, parallel. An meine Finger, wie sie sich in das Plastilin versenkten. An die Knettiere, die sie hervorbrachten. An den Geruch, der wie ein Tuch über mir hing. Ich bewege meine Finger so langsam, dass niemand es bemerken kann.
Ein Blick zu Tekkie bestätigt mir, dass er ebenfalls mit seinen Gedanken beschäftigt ist. Einmal schaut er mich so an, als ob er sich an etwas erinnere ...
Ich lasse wieder die Beine baumeln.
In der Schule herrscht Totengräberstimmung. Ich frag mich ja, wie das im Skilager werden soll. Groß Lust, dort hinzugehen, habe ich nicht. Aber meine Mutter sagt, ich müsse. Eddie müsse ich zu Hause lassen. Sie hat tatsächlich aufs Sofa gezeigt und mit ihrem Finger in die Luft gepikst. Als ob Eddie eine Woche lang auf unserem Sofa ausharren und auf mich warten würde. Dazu ist der viel zu zappelig.
In der Schule, bei einer Klassenarbeit zum Beispiel, genügt es, meinen Blick nach draußen zu werfen, zum Fenster hinaus. Schon sehe ich Eddie auf dem Pausenplatz, wie er mir zuwinkt. Oder lacht. Oder ein ernstes Gesicht macht und mich telepathisch ermahnt, mich wieder meiner Klausur zuzuwenden, während er sich dazu anschickt, ein weiteres Rad zu schlagen. Oder: so tut, als gäbe es mich nicht.
Aber meine Mutter hat recht. Skifahren ist nichts für Eddie. Viel zu viel los.

Die vordere Tür geht auf und durch die Glasscheibe sehen wir Tekkies Mutter, wie sie sich beim Empfang anmeldet.
Tekkie schaut zu mir: „Damals", beginnt er und muss sich räuspern, „damals, bei meinem Geburtstag." Ich nicke, um ihm anzudeuten, dass ich weiß, welchen Geburtstag er meint, für mich gab's ja nur den einen. „Du hast Eindruck auf mich gemacht."
„Ich?" Ich bin erstaunt. „Wieso?"

„Du warst so ruhig. Und sicher. Und irgendwie klar, obwohl um mich herum alles in Schutt und Asche lag."
Zum zweiten Mal heute bringt er mich dazu, an meinen Vater zu denken. Ich schüttle den Gedanken ab. Hebe die Brauen.
„Du hast gesagt, es sei trotzdem schön gewesen. Und dann hast du mir deine Hand gereicht oder irgendsoeine Geste gemacht wie eine superintelligente Erwachsene." Er lacht trocken." Aber was du gesagt hast, hat einfach nur gutgetan."
„Was hab ich denn gesagt?"
„Weißt du's nicht mehr?"
„Mh, nein?"
„Du hast gesagt: Wird schon werden. Und dann hast du mich sogar umarmt."
„Sicher nicht." Aber ich erinnere mich. Ich hatte Tekkie umarmt. Eddie war geschockt.
„Doch", sagt Tekkie. Und nun macht er eine Grimasse. „So hast du mich angeschaut, du dachtest wohl, du würdest mich damit aufheitern."
Wir lachen.

Wir sind erwachsener geworden. Ich bin erwachsener geworden, reifer. Es war so einfach für mich, über meine Stärken zu schreiben. Und über die von Tekkie auch. Tekkie hat sich wahnsinnig gefreut.
Ich merke auch, dass ich reifer bin, weil ich über mich selbst lachen kann. Das ist neu in meinem Leben. Und es ist einfach so aus dem Nichts gekommen. Gestern noch habe ich meine Mutter am Telefon zu jemandem sagen gehört: „Sie ist jetzt viel stabiler. Sie schafft das schon. Alles, was sie brauchte, war Zeit."
Wir stehen auf.
„Na? Wartet ihr schon lange?", fragt Tekkies Mutter.
„Hi", sagt Tekkie und schüttelt kurz den Kopf.

„Hallo, Frau Lax", sage ich. Sie lächelt mich an und schaut dann alarmiert zwischen Tekkie und mir hin und her. „Habt ihr es gehört?"

„Was?", fragt Tekkie, und ich befürchte schon, dass er seinen Vater nicht besuchen kann. Meine Hand würde gern seine greifen, nur nicht, wenn Frau Lax es sieht. Frau Lax sagt aber: „Dennis' Mutter hat mich angerufen, euer Kamerad Finn wird in ein Timeout geschickt."

„Wieso weiß die das?" Tekkie klingt abwehrend.

„Matus ist schwer verletzt."

„Woher weiß die Mutter von Dennis das?"

„Na, Dennis war ja auch vor Ort – was blaffst du mich so an? Wir tauschen uns aus in dem Elternchat." Und dann versucht sie es versöhnlicher: „Der Matus hat den Finn offenbar provoziert. Was ist in eurer Klasse bloß los? Weiß euer Lehrer das?"

„Matus – die Maus doch nicht, der provoziert niemanden", protestiert Tekkie. Ich höre, wie mir Eddie zuflüstert, man dürfe die Stillen nicht unterschätzen. Und die Kleinen auch nicht. Und Mäuse schon gar nicht. Aber ich beschließe, die Klappe zu halten. Frau Lax sagt, Matus sei im Krankenhaus. Aber es gehe ihm den Umständen entsprechend gut. Was immer das heißen soll. So halt, wie Erwachsene „gut" klassifizieren. In mir krabbelt ein mausgraues Gefühl hoch und beginnt an mir zu knabbern.

Es knabbert noch, als wir nun tatsächlich aufgerufen werden. Ich blicke zu Tekkie, er blickt stur geradeaus, und so gehen wir in das Innere des Gefängnisses hinein.

Ich zähle die Schritte. Es sind mehr Schritte, als eine Schildkröte alt wird. Der Wärter entschuldigt sich, ein Umbau. Als Frau Lax mit dem Gefängniswärter – sagt man überhaupt so? – darüber spricht, ob man ins Anwaltszimmer oder ins Familienzimmer gehen wolle, höre ich weg und betrachte die Farbe der Wände. Gelb würde ich sie nicht nennen. Grün aber auch nicht.

Im Familienzimmer stehen ein Sofa, zwei Sessel, eine Kiste mit Kinderspielzeug und ein Tisch mit vier Stühlen, schräg angelehnt an die Tischplatte.

„Er ist wieder dünner geworden", flüstert Frau Lax. Sie sagt es zu sich selbst, denn Tekkie reagiert nicht. Tekkies Gesicht ist zusammengekniffen, als sein Vater mit gemessenen Schritten auf uns zukommt. Die beiden reichen einander die Hand. Dann die Eltern. Wie Fremde. Im Raum ist es mitternachtsstill. Tekkies Vater schaut mich an und stellt sich vor. Tekkie schießt mir einen Blick zu, also sage ich artig: „Mein Name ist Liv. Ich bin eine Schulkollegin Ihres Sohnes", und strecke ihm meine Hand hin. Ich bin reifer, ausgeglichener, emotional stabil. Uhlmann findet auch, dass ich sehr gut über mich reflektieren kann und über das, was ich tue oder sage – oder wo. Ich verkneife mir ein Siegeslächeln. Und setze mich stattdessen neben Eddie.

Zu viert sitzen wir um diesen Tisch. Ich höre zu und ich höre auch nicht zu. Meine Gedanken schwingen wie auf einer Schaukel vor und zurück. Aus dem Besucherraum im Gefängnis zu meinem Vater, an den ich mich so verletzend wenig erinnern kann, und wieder zurück zu uns vieren in diesem Raum mit dem Gitter vor dem Fenster. Ich höre entfernt, wie Frau Lax vor sich hinmurmelt, dass Herr Lax an allen Ecken und Enden in ihrem Leben fehle.

Meine Mutter sagt mir oft, dass mein Vater mir jeden Tag und jeden Abend seine Liebe beteuert habe. Aber das eigene Leben ist, wie wir es erinnern. Und ich erinnere mich nicht mehr. Eine Weile habe ich mit zwei Stimmen geredet. Das war, als ich in die Spieltherapie musste. Ich habe mir Fragen in einer hohen Stimme gestellt und Antworten in einer möglichst tiefen gegeben. Dialoge. Nur mit mir. Und mit Eddie, klar. Ich mochte die Stille nicht hören. Die Stille, die in unser Leben trat, tat mir in den Ohren weh. Also habe ich pausenlos geplappert. Ich glaube nicht, dass mir die Spieltherapie geholfen hat, jedenfalls erinnere ich mich nicht daran. Aber ich weiß, dass ich mir irgendwann einmal mit tiefer Stimme zur Antwort gegeben habe: Die Stille ist ja immer noch da, auch wenn wir sie übertönen. Danach habe ich aufgehört zu plappern. Ich war darüber zutiefst erschrocken und sagte für eine Weile lieber gar nichts mehr. Vielleicht habe ich mich einfach neu justiert. Um mit der Stille umzugehen, die immer da ist, auch jetzt.

Wenn meine Gedanken zurück in diesen Raum kommen, höre ich diese Familie Worte in die Stille sprechen. Ich höre, wie es ist, wenn ein Vater Antwort gibt. Die Stimme eines Vaters ist anders als die Stimme irgendeines Mannes. Das Essen sei passabel, sagt die Stimme. Die anderen Insassen ließen ihn weitgehend in Ruhe. Die Gefängnisaufseher seien korrekt. Tekkie stellt der Stimme viele Fragen, ohne sie zu stellen. Die Fragen baumeln von der Decke, prallen von der nichtgelb-nichtgrünen Wand ab und bilden kleine Häufchen zu unseren Füßen. Ich betrachte sie alle einzeln.

Dann merke ich plötzlich, wie mir Frau Lax die Hand auf den Arm legt. Nur kurz. Und als ich aufblicke, lächelt sie mich an. Tekkies Gesicht wechselt von Minute zu Minute den Ausdruck, obwohl nur ich das sehen kann. Oberflächlich bleibt er unberührt. Ich kenne das Gefühl, wenn sich Wut nach innen kehrt und wie heiß einem dann wird, und wie kalt. Unerwartet weich wird das Gefühl, wenn Tekkie nun doch von Bandit erzählt. Dass er komplett dement sei. Dass er stets sogleich vergesse, dass er schon gefressen habe. Er erzählt von dem Hund und weiß, dass er sich damit an einem emotionalen Tiefpunkt befindet, für den der Hund herhalten muss, weil er nicht über sich selbst sprechen kann.

Sein Vater fragt ihn, ob es in der Schule gut laufe.
„Ja, ich weiß, was ich nachher mache, ich –"
„Das ist nicht, was ich meine", sagt Herr Lax behutsam, und die Fragen auf dem Boden tuscheln miteinander. „Gehen die anderen gut mit dir um oder ...", er sucht nach Worten. Tekkie senkt den Kopf und murmelt, dass alles ok sei.
„Ich bin froh ... für euch, dass die Medien mittlerweile Ruhe geben. Ein Verurteilter ist halt nicht mehr so interessant wie ein Angeklagter", sagt sein Vater. Da ist ein bitterer Geschmack in meinem Mund.
Frau Lax streicht Tekkie mit der Hand über die Haare, aber Tekkie duckt sich unter der Berührung weg.
Ich sage: „Die meisten von uns finden das cool. So was gibt's nicht alle Tage. Insofern ist Ihr Gefängnisaufenthalt ... erfrischend." Ich weiß nicht genau, warum man mich jetzt so anschaut. Die Blicke reiben wie Schleifpapier über meine Haut.
Tekkie kämpft, glaube ich, mit den Tränen.
Sein Vater beobachtet ihn, wie er dagegen ankämpft, dass Wasser aus seinen Augen kommt, und ich beobachte seinen Vater, wie er Tekkie beobachtet. Ich spüre, wie Tekkie mit aller Kraft versucht, sich zu fassen und stark zu sein. Sein Vater nickt und nimmt den Blick nicht von ihm, als er sagt: „Wenn ich mir an nur einem Menschen auf dieser ganzen Welt ein Vorbild nehmen sollte, dann wärst das du, Robert."
Tekkie schluckt, ich sehe seine Bewegung im Hals und mir wird mein eigener Hals eng, aber sein Vater fährt fort, den Blick noch immer auf ihm ruhend: „Deine Integrität, deine Fähigkeit zu vergeben." Hier schluchzt Tekkie. Eisern hält er dem Blick seines Vaters stand, aber ich sehe, wie es in ihm zittert. Ich bin sicher, seine Haut brennt. Tekkies Vater sagt: „Das Gute, das du in die Welt bringst. Ich danke dir, dass ich dein Vater sein darf. Das hab ich so ... gar nicht verdient."
In mir steigt etwas auf, das vermutlich Trauer ist.

„Danke", schnieft Tekkies Vater, „dass du mich besuchen kommst. Darauf habe ich so gehofft." Als das Wasser auch aus Tekkies Augen tritt, senke ich meinen Blick zu Boden, wo keine Fragen übrig sind.

Zurück fahren wir alle drei gemeinsam im Auto von Frau Lax. Wir sind lange still, aber ich kann die Stille aushalten. Ich sehe, dass auch Tekkie atmet. Anders als auf dem Hinweg. Ruhiger jetzt. In meinem eigenen Hals steckt noch immer ein Kloß. Meine Gefühle gehen mit mir auf einem Umweg nach Hause.

Es ist Frau Lax, die ein Gespräch beginnt: „Das mit dem Praktikumsjahr klappt übrigens." Sie blickt kurz über die Schulter zu Tekkie, dann sieht sie mich im Rückspiegel und erklärt: „Elodies Mutter hat mich angerufen und ich habe Léannahs Vater und die Mutter von Dennis noch mit ins Boot geholt, zusammen haben wir vier Praktikumsstellen für eure Kameradin Elodie erwirkt."

„Ach ja?", fragt Tekkie und starrt auf seine Hände. „Davon hatte ich keine Ahnung."

„Sie kann in einer Kinderkrippe, beim Radio, in der Tierhandlung und in einem Hotel je ein dreimonatiges Praktikum absolvieren. Hotel, das könnte doch passen für sie?"

Tekkie zieht die Schultern an die Ohren und lässt sie wieder fallen. Ich sage: „Das könnte sehr passen."

„Diese Lösungsvorschläge kommen zwar bestimmt wie aus dem Nichts für Elodie, aber ich hoffe für eure Kameradin, dass sich dieser", sie zögert, „kreative Weg für sie lohnt." Frau Lax' Lächeln breitet sich traurig über den gesamten Rückspiegel aus. Dann sind wir wieder still.

Irgendwann dreht sich Tekkie zu mir nach hinten um und sagt: „Danke, dass du bei meinem Vater nichts von Eddie gesagt hast."

Ich schlucke den Kloß mit Kraft hinunter. Ich weiß zwar nicht, warum ihm das so wichtig ist, aber ich kläre ihn dennoch auf, er kann es ja nicht wissen: „Eddie ist verreist. Ich habe keinen blassen Schimmer, wann der wiederkommt. Und ob überhaupt."

Nächste Woche soll das Skilager stattfinden. Auf den Pisten liege genug Schnee, heißt es. Schneekanonen machen's möglich. Aber das bedeutet eben auch, dass es der Welt nicht gut geht. Die Welt ist in einer Krise. Ein paar in unserer Klasse sind echt ängstlich, was die Zukunft anbelangt. Léannah allen voran. Ich finde ja, wir haben schon genügend Katastrophen erlebt.

Allerdings, wer von uns noch keine Katastrophe erlebt hat, der findet sie im Skilager bestimmt. Aber wie hat Eddie jeweils zu mir gesagt, als ich mein Leben hart und unerträglich fand? Immer schön eins nach dem anderen. Demnach kommt jetzt wer an die Reihe? Genau: Unser Lehrer, Herr Berisha.

Von: Valdet Berisha
An: Frank Kaufmann, Schulleitung
Betreff: Kündigung

Lieber Frank,
du weißt, dass ich mir das nicht einfach mache. Du weißt, was mir das Unterrichten bedeutet. Aber die Sache mit dem Skilager war einfach eins zu viel für mich. Ich bin gescheitert, also bitte ich dich, meine Kündigung anzunehmen, die demnächst per eingeschriebener Post bei dir eingehen wird.
Ich danke dir.
Valdet Berisha

Valdet Berisha

Sie fahren besser Ski als in der Ersten, sie schreiben auch deutlich besser, ich bin froh, dass ich sie dazu ermuntert habe, von ihren Träumen zu schreiben. Von ihren Stärken. Und von den Stärken der anderen. Und auch wenn sie heute weniger solidarisch sind als in der Ersten, auch wenn ihr Zusammenhalt bröckelt: Wie sie alle Liv drei Jahre lang gedeckt haben, ist einfach nur schön.

Ich schaue sie an, wie sie auf ihren Bänken sitzen oder im Essraum herumwuseln, diese großen Geschöpfe, der eine wie ein Bär, der andere mit seinen Spielkarten, die dritte richtet sich das Mikrophon, und ich verspüre Wehmut und Stolz. In meine Nase kriecht Schweißgeruch. Dann wieder Apfelshampoo oder ein Fehlgriff beim Aftershave. Ihre Stimmen verflechten sich in einem wilden Durcheinander, Taue, vom einen Ende des Saals zum anderen geworfen – siehst du mich? Hörst du mich? Ich bin wichtig, ich bin da.

„Was dein Finn letzte Woche geboten hat, ist ganz schön scheiße."

Die anklagenden Augen von Elvira Stuck fixieren mich. Elvira mit ihrem lila Lidschatten, den braun umrandeten Lippen. Elvira, Lehrerin der Parallelklasse, mit ihrem offenstehenden Mund, der gleich nachschieben wird.

Ich grätsche dazwischen: „Elvira, scha-"

„Komm mir jetzt bloß nicht mit *Elvira, schau* und irgendeinem Weltverbesserersatz! Behalt deine Manifeste für dich, Valdet, siehst du nicht, wie sehr du versagt hast?" Ihre Hand fährt durch die Luft, als würde sie meine ganze Klasse enthaupten wollen.

In mir wallt Hitze auf. „Ach, komm, Elvira! Das fragst du mich? Das fragst du mich schon wieder?"
„Ja, Valdet! Diese Frage musst du dir schon gefallen lassen! Finn ist polizeibekannt und schmort mit gebrochenem Fußgelenk im Spital. Ein Wunder, dass Matus mit ins Skilager konnte! Und mehrere der kleinen Kids hier, mehrere!, sind traumatisiert, weil deine Superschülerin Blerta gestern mit ihnen den falschen Abhang runtergedonnert ist. Die Eltern geben sich für ihre Beschwerden gegen dich bald die Klinke in die Hand – Elterngespräche! Jetzt noch! So was nennt man Versagen, Valdet!"
„Dasselbe hast du heute Morgen schon beim Frühstück gesagt, Elvira." Sie will etwas dagegenhalten, aber ich hebe einfach meine Lautstärke an: „Bekommst du alle deine Kids immer unter? Nein? Also ist jedes Jahr, in dem du das nicht bei allen schaffst, ein Versagen – ja oder nein?"
„Nein, aber ..."
„Jedes Jahr, Elvira, arbeiten wir auf ein Ziel hin, ja? Wir arbeiten, um den Kids einen guten Boden zu geben und um unsere eigenen Familien zu ernähren, um aufzusteigen und dazuzulernen, um gut in unserer Profession zu werden, um, um, was weiß ich, die alten Eltern zu unterstützen oder ein Haus zu bauen ... Auf ein Ziel hinzuarbeiten ist kein Versagen, Elvira. Es sind die Schritte zum Erfolg. All die Jahre, in denen wir kein Haus bauen, sind die ein Versagen?"
Elvira tritt zur Seite, aber ich stelle mich ihr in den Weg. „Doch, Elvira! Ich frage dich das. Sind diese Jahre ein Versagen? In denen wir kein Haus bauen?"
„Nein, natürlich nicht, aber ..."
„Aber das ist, was du mir sagst."
„Das sind Kinder, keine Häuser, Valdet!"
„Elvira, ob dieses letzte Jahr ein Versagen war oder nicht, ist die falsche Frage. Es gibt kein Versagen, wenn man auf ein Ziel hinarbeitet. Es ist die falsche Frage."

Elvira schiebt mich zur Seite und rauscht ab. Ihre Moonboots machen ein fauchendes Geräusch, wenn sie aneinanderreiben. Diese kleinen, genervten Schritte. In mir brodelt Ärger, meine Freude und mein Stolz fühlen sich beschmutzt. Also erzähle ich mir, woran ich glaube: Ich will, dass meine Schülerinnen und Schüler wissen, dass sie Probleme lösen können. Wenn sie sich ihrer eigenen Stärken bewusst sind, werden sie resilient. Sie werden widerstandsfähig und können mit Schwierigkeiten umgehen. Rückschläge gibt es immer wieder, ein ganzes Leben lang. Mein Blick schweift erneut über meine Klasse. Stimmt: Finn fehlt. Vielleicht hätte ich schon viel eher mit seinen Eltern sprechen sollen. Ich habe durchaus gemerkt, dass etwas schiefläuft. Finn stand Monat für Monat schräger in der Landschaft, wie ein Baum, der in Zeitlupe fällt. Aber der Familie Aicher bin ich aus dem Weg gegangen. Diese Fixierung von allen auf die kleine Tochter, Emilia. Als ob alle irgendwo anders hinschauen, um nicht sich selbst sehen zu müssen. Ich hab's schleifen lassen. Ich weiß nicht mal, warum. Ist da ein blinder Fleck von mir?
Vielleicht hätte ich nachfragen sollen. Vielleicht muss ich das nochmal.
Bestimmt.
Ich hole mir ein Bier. Boris Kleinert prostet mir zu. Unser Zeichen- und Kunstlehrer, der sich jedes Jahr eine größere Kleidernummer kauft. Ich proste zurück.
Was weiß ich eigentlich, was in unserer Schule läuft? Im Leben jedes einzelnen Kollegiumsmitglieds?
Ich nehme einen Schluck. Das erste Bier seit langem. Ich will ein gutes Vorbild sein, auch dann, wenn mich die Schülerinnen und Schüler nicht sehen. Ganz besonders aber jetzt. Das wollte ich schon immer. Ich denke an meine eigenen Ziele zurück als Jugendlicher. An meine großen hehren Ziele – ha! Wie fühlt es sich wohl heute an, jugendlich zu

sein? Vermutlich bin ich der Lehrer, der Blerta am ehesten verstehen kann. Auch ich stand als Jugendlicher mit Gleichaltrigen in Konkurrenz, wollte überall überragend und der Beste sein. Natürlich hätte sie diese Entscheidung, die Piste mit dem stärkeren Gefälle zu nehmen, nicht allein treffen dürfen. Nicht, wenn ich ihr die Jüngsten anvertraue – als Pfadimädchen hätte sie das wissen müssen. Aber nun ist es geschehen und es sind ja noch alle ganz! Bis auf die Tränen, die sie weinten, ist niemandem etwas zugestoßen. Und am meisten sauer über Blerta ist Frau Blerta Cara selbst. Ich sehe, wie sie in der Ecke hockt und vor sich hin schmollt. Zu stolz, sich nicht zu zeigen, zu stolz, sich zu verzeihen. Wie gut ich das kenne, Blerta. Du hasst es genauso sehr wie ich, kritisiert zu werden.

Prost, Blerta. Es ist okay, müde, traurig und schwach zu sein.

Flora singt, ich höre ihre Stimme über die Köpfe und Geräusche der anderen hinweg. Neugierig und seltsam aufgewühlt schlendere ich zum hinteren Raum, wo sie sich eine Bühne aufgebaut hat. Ein Rap mit Gesangseinlage. Sie sieht zugleich zornig und liebenswert aus. In ihrem zu großen Hoodie. Ihrer Trainingshose mit den verwaschenen silbrigen Sternchen. Samuele dreht den Lautsprecher auf. Auch gut. Flora hat mir heute Morgen am Rand der Piste gesagt, sie habe einen Dankesbrief an ihre Großeltern verfasst. Den ihrer Omi und ihrem Opi vorzulesen, hat sie gesagt, habe sie glücklich gemacht. Und: „Es funktioniert, Herr B. Das mit dem Glück funktioniert." Der Rap beschreibt das, wie ich heraushöre. Ich höre gut zu. Der Rap erzählt eine Geschichte von Glück, eine vollständige, mit Anfang, Mitte und Ende. Samuele klatscht im Rhythmus mit.

Das sollte Elvira Stuck sehen. Wie Flora leuchtet, wenn sie merkt, sie kann etwas im eigenen Leben bewirken.

Ich klatsche am lautesten, als sie sich verbeugt. Die Menge der Zuhörenden um sie wird größer. Ich sehe, wie Nico ins Irgendwo starrt. Ganz eindeutig ist er mit wichtigen Gedanken beschäftigt, seine Lippen bewegen sich wie probeweise auf und ab.

Flora ruft: „Wollt ihr noch mehr? Wollt ihr die ganze Power?" Die Menge johlt. In der Ecke verdrückt sich Elodie. Sie ist noch immer nicht wieder ganz da, hab ich das Gefühl.

Aber Flora! Soweit ich das mitbekommen habe, hat sich Flora für einen weiteren Poetry Slam angemeldet. Hält den Kopf hoch, auch wenn sie letztes Mal nichts gewonnen hat. Siehst du nun, was ich damit meine, meine Kids werden resilient, Elvira, hä?

Ach, ich will gar nicht mehr an die denken.

Trotzdem spüre ich eine seltsame Beklemmung in mir. Als Flora in der Klasse erzählt hat, dass sie sich zu einem nächsten Slam angemeldet hat, schienen sich nur wenige für sie zu interessieren. Elodie und Blerta haben wichtige Blicke getauscht. Das ist mir aufgefallen.

Als diese Klasse noch ganz an ihrem Anfang stand, damals im Auenwald, haben sie miteinander über ihre Erfolge gejubelt und gelacht. Kinder waren sie. Jetzt, wo es um den Ernst des Lebens geht, wie sie es nennen – wie ich es nie nennen würde! – realisiere ich erst, wie weit sie auseinandergedriftet sind.

Ist das mein Versagen?

„Haben Sie Patrice gesehen?", fragt mich Léannah. Sie ist aus dem Nichts aufgetaucht. Ich löse die Bierflasche von meinen Lippen und schaue mich um. Gar nicht so einfach, viele der Jungs sind mittlerweile größer als ich. Ich sehe Patrice nicht. Ich zucke mit den Achseln und mache ein entsprechendes Gesicht.

Léannah geht nicht. Sie stellt sich neben mich und schaut mit mir in die Menge, die Flora rhythmisch zuklatscht.

Léannah will etwas loswerden, ich merk's. Bei ihr merkt man es immer. „Und du so?", frage ich und vermeide es dabei, sie direkt anzusehen. Sie ist sehr empfindlich und läuft rasch rot an. Ich verschone sie mit meinem Blick. Léannah macht es mir nach, zuckt die Achseln, schaut in die Menge und trinkt aus ihrer Wasserflasche. Dann sagt sie: „Ich habe einen Artikel gelesen. Vor ein paar Tagen."

Ich mmhe.

„Ein Interview mit einer Korrespondentin aus einem Krisengebiet."

Es ist zu laut, die Kids um Flora johlen, also machen Léannah und ich ein paar Schritte zurück in den Essraum. Aber auch hier bleiben wir am Rand. Ich habe den Eindruck, sie will weitersprechen und alles, was sich ihr jetzt in den Weg stellen könnte, wäre eine Bedrohung für dieses Sprechen. Also schirme ich sie ein bisschen mit meinem Rücken gegen den Speisesaal ab. Stets darauf bedacht, dass ich ihr nicht zu nahekomme – ich weiß, wie schnell sie alle reden. Wir Lehrer stehen unter Dauerbeobachtung.

„Seit der Schreib-Insel", nimmt sie den Faden wieder auf, „habe ich diesen eher unrealistischen Traum, das Schreiben zu meinem Beruf zu machen. Hochgegriffen, ich weiß. Aber mein Interesse ist seit da ... geweckt."

Ich warte. Da kommt noch mehr.

„In Kombination mit dem Verfassen von Texten auch noch Menschen helfen zu können und die Welt über herrschendes Elend aufzuklären, das klingt ... gut."

„Kriegsreporterin?" Nun bin ich vollends baff.

„Krisengebietsreporterin. Meine Familie wird von der Idee einer Ausbildung im Bereich Journalismus wenig begeistert sein. Das ist mir bewusst. Und noch weniger imponieren würde ihnen, dass ich danach ins Ausland gehen will. In Regionen, die von Dürre geplagt sind."

Léannah lässt ihre Schultern sacken. Ich warte. Ich fürchte plötzlich, sie könnte wieder damit angefangen haben, sich selbst zu verletzen. Aber sie sagt bestimmt: „Egal. Ich weiß jetzt, was Sie meinten, als Sie sagten, wir müssten nichts werden, nur etwas tun. Das hat bei mir viel Druck rausgenommen."
Wie oft habe ich dieses kleine Wort des Selbstschutzes schon von ihr gehört in den letzten drei Jahren – „egal"? Und jetzt benutzt sie es, um mir zu versichern, dass alles gut ist bei ihr ... In mir entsteht der Eindruck, dass sich Léannah nie mehr ritzen wird. Ich atme auf und leere die Flasche in einem Zug.
„Willst du, dass ich mit deinen Eltern rede?", traue ich mich zu fragen. Aber Léannah scheint mich nicht gehört zu haben. Sie spricht weiter: „Vielleicht könnte ich mich meinem Ziel schrittweise nähern und erstmals bei einer regionalen Zeitung beginnen."
Ihr Einfall ist genial. Ihr Einfall ist so zauberhaft, so durch und durch Léannah, dass ich lächeln muss. Sie sieht es und zu meiner großen Verwunderung stimmt sie in mein Lächeln ein. Selbstbewusst, flitzt mir durch den Kopf.
„Egal wie, auf meine eigene Art und Weise werde ich die Welt bereichern. Ich will mein Bestes geben, diesen Planeten zu einem lebenswerten Ort zu machen."
Malin steht plötzlich vor uns und hebt die Hände zum Sumpf-Pakt-Gruß. Léannah schlägt ein. Dann schauen mich diese beiden jungen Menschen an, ich stutze, sie beginnen zu lachen und schlendern Arm in Arm zurück in den Nebenraum, wo Flora die Bühne rockt. Schau dorthin, wo deine Angst hockt, denke ich, und alles wird gut. Ich fühle mich auf entspannte Art glücklich, ja, ich fühle mich großzügig und wohlwollend, und mit einem Mal zutiefst verständnisvoll.
Wenig später sehe ich dann Liv und Nico in einer Ecke stehen, Nico, der mit großem Ernst auf Liv einredet. Liv, die antwortet

und Nico, der sie anstarrt, als müsse er ihre Worte zweifelsohne verstehen, könne es aber nicht. Und dann: Verwunderung über seinem Gesicht! Ein Gesicht, wie überrollt von einer Woge des Glücks. Der zerfließt ja förmlich vor Liebe, überkommt es mich ohne Vorwarnung.

Zeit vergeht. Ich merke, wie sich allmählich ein Gewicht von meinen Schultern löst. Ich atme lange aus und dann sehr tief ein. Und aus. Am Rande meines Gesichtsfelds nehme ich eine Bewegung wahr.

„Na, Valdet? Alles im grünen Bereich?", fragt mich Vero Zuberbühler, unsere Lagerköchin. Ich nicke. Und ich lache. Ich sage: „Ich bin unglaublich müde, Vero. Aus mir fließt grad alle Kraft."

„Gut", sie tätschelt mir die Schulter, „musst auch mal loslassen können."

Schon beinahe nostalgisch betrachten wir die Kids. Zusammen staunen wir. Tekkie tanzt eng umschlungen mit jemandem, da schiebt sich Vero in mein Gesichtsfeld. Sie gießt eine durchsichtige Flüssigkeit in zwei kleine Gläser. „Quittenschnaps", sagt sie. Ich winke ab. Sie hält mir das Gläschen vors Gesicht: „Loslassen, Valdet."

„Aber nicht jetzt. Immerhin trage ich die Verantwortung für rund zweihundert Personen in diesem Lager." Vero zieht die Augenbrauen hoch. Ich bin sicher, Vero denkt jetzt auch daran, dass wir am Dienstag eine der Leiterinnen ausfliegen lassen mussten, weil sie gestürzt war. Seit da stehe ich unter Dauerstrom. Am ersten Tag hatte ich sechzig Kids vor mir, die überhaupt das erste Mal in ihrem Leben auf Skiern standen. Und ich bin der, der das Skifahren und Snowboarden am besten beherrscht, ich nehme mir also immer die zur Brust, die am Anfang stehen. Die hätte ich gar nicht an Blerta abtreten dürfen, ich weiß das, es ist mir bewusst.

„Doch. Ich bleib dabei", sagt Vero, „du musst auch mal loslassen können."

„Woher weißt du, dass ich nicht loslasse?", antworte ich und versuche mich damit selbst interessant zu machen. Sie antwortet, indem sie ihr Gläschen hochhält und mir zuprostet. Also nehm ich meins von ihr entgegen und proste zurück. Sie geht weiter. Zu einer nächsten Seele, die sie befreien will, wer weiß.

Fühlt es sich so an, jung zu sein? Duselig und mit einer Hitze im Innern, die irgendwo nach einem Ventil verlangt? Ich versuche, nicht hinzuschauen und nicht hinzuhören. Loslassen. Einfach nur sein.

Später bin ich an der Skibar, einen Espresso in der Hand. Die Lämpchen leuchten farbenfroh, es riecht nach verbranntem Holz und Rauch von Finnenkerzen, und die Geräusche der Zweitklässler, die einen Iglu bauen, dringen in Fetzen zu uns herüber. Ich stehe hier mit ein paar Lagerleiterinnen und -leitern und höre dem ausgelassen Treiben zu.

„Auf uns!", sagt ein Kollege. Ich nicke, auf uns. Mein Espresso ist kalt.

Aber es tut gut, hier zu sein, zu reden und zuzuhören. Es tut gut, dies alles auszukosten.

Bald wird dieser Klassenzug zu Ende sein.

Bald werden sie in die weite Welt hinausziehen und ich werde mich glücklich schätzen können, wenn ich wenigstens einigen von ihnen wieder begegne. Erfahre, was aus Einzelnen geworden ist.

Aber dann werden schon wieder neue Kids vor mir in den Reihen sitzen, die wir gemeinsam umgestalten zu einem großen Kreis, einem offenen U oder zu einzelnen Inseln.

Ob ich mich mit denen wieder ins Feuchtgebiet trauen werde? Letztes Mal gab's Stunk. Davon hat zum Glück niemand

etwas mitbekommen außerhalb des Lehrteams. Aber unser Schulleiter fand das unverantwortlich. Er hat mein Konzept von Solidarität nicht verstanden. Der Mensch, den er am meisten schätzt, ist er selbst. Die eigene Gesellschaft. Wie einen andere Menschen bereichern können einzig durch ihre Gegenwart, ist ihm fremd. Er ist der König der Einzelgänger, der Kaiser. Ich hab mich immer schon gefragt, wie einer wie Frank Schulleiter werden kann. Wenigstens bewahrt mich das davor, ihn in ein Skilager mitnehmen zu müssen.
Hier bin ich frei. Jetzt bin ich frei. Ich lasse los und mache ein paar Moves zur Musik. Langsames Bewegen. Freies Grinsen. Hüften schwenken. Geht doch noch.

Leider ziehen auch meine Gedanken frei herum.
Gerade brachte so ein Gedanke den Boden unter meinen Füßen kurz zum Wanken. Ich lege beide Hände auf die Schneebar für Halt. Ich schaue hinüber zu Nico, Samuele und seinen Kumpeln aus der Parallelklasse, der Klasse von Elvira Stuck. Ich kann es nicht verhindern, ich höre sie einfach. Wie sie über die Stellensuche schwatzen. Wie sie klingen mit ihren Alienstimmen aus Kindermund. Ich weiß, dass sie keine Kinder mehr sind, ich weiß das. Aber viele von ihnen sind doch grundsätzlich überfordert, die haben schlicht keinen Plan wohin mit sich. Und wenn die keine Unterstützung von zu Hause bekommen – na, gute Nacht! Samuele blinzelt mir zu wie eine Katze. Er ist ein Gewitzter, seine Ausdauer und seine Zielstrebigkeit sind mir von Anfang an aufgefallen, auch wenn er sich noch immer gibt wie ein glitschiger Fisch. Samuele weiß genau wohin mit sich. Uhlmann sagt, er habe dem Nikotin abgeschworen. Nichts mehr mit Gift. Ich bin plötzlich so froh, dass das bei Samuele nur eine Phase war. Es wollen längst nicht alle You-Tuber, Influencerinnen oder It-People werden, Elvira, viele wissen sehr genau, dass es

da draußen etwas für sie gibt, das größer ist! Immer wieder braust in meinem Kopf eine Staubwolke des Zornes auf. Sie brauchen nur die nötige Zeit, dieses Etwas zu finden. Zuallererst in sich.

Ich frage mich seit Kurzem immer öfter, ob es wirklich das ist, was ich will. Dass sie alle aufgeboten werden, um anzutreten in ihren Berufen – so jung. Ob es richtig ist, darauf zu drängen, eine Anschlusslösung zu haben. Ob sie das wirklich glücklich macht.
Ob das stimmt. Und schon schlägt der Boden unter meinen Füßen neuerlich Wellen. Beide Hände auf der Schneebar. Es geht, geht schon. Noch ein Espresso und ich bin wieder wach. Léannah rauscht an mir vorbei. Léannah macht ihren Weg. Ich wäge also ab. Die meisten werden ihren Weg machen. Tekkie zum Beispiel hat sich zu einem Sozialjahr entschieden, was ich in seinem Fall sehr, sehr gut finde. Er braucht diesen Puffer. Er ist zu stark damit beschäftigt, für seine Mutter da zu sein. Die Säulen zu verkörpern, die vormals sein Vater repräsentierte. Er muss sich erst noch finden. Danach wird sich sein Bildungsweg ganz von alleine vor ihm auftun. Und später, wenn er will, kann er gern jemandes Säule sein.
Bildung ist alles. Das war schon immer mein Credo. Und in der Schweiz ist es für alle möglich weiterzukommen. Irgendeine Lösung gibt es immer, eine Brücke, einen Übergang, der einen von hier nach da bringt. Wir haben keine Sackgassenberufe, das versuche ich den Kids beizubringen, dass es weiter geht, wenn man will. Für mich war das so.
Mich brachte Bildung weiter. Und weiter und weiter, dahin, wo ich heute stehe. Ich habe mir meine Passion zum Beruf gemacht.
Dennis geht an mir vorbei und winkt dankend mit einem Apfel.

Apfelverteiler. Ich bin Apfelverteiler geworden. Ich werde als Apfelverteiler in ihrer Erinnerung bleiben, immerhin das. Diese Erkenntnis ist für mich ein magischer Moment. Ein Blick auf die Uhr zeigt mir, dass es Zeit ist, alle in ihre Kojen zu schicken. Meine Lagerleiter nicken, und gemeinsam treiben wir die Meute in ihre Verschläge.

Als ich den Anruf auf meinem Handy bekomme, setze ich mich umgehend hinters Steuer, bevor es ein anderer merkt. Tausend Gedanken in meinem Kopf und allen voran: Matus! Schnurstracks fahre ich zur Eishockeyhalle im Nachbarort.

„Guten Morgen", sage ich zu den Schlafmützen, die heute, am letzten Lagertag, vor mir stehen und mich aus müden Gesichtern anblinzeln. „Spürt ihr auch das Megafeuer? Hat es euch erfasst? Ja? Jetzt gehen wir in den Schnee und lassen ihn noch einmal so richtig stieben, los!" Ich will ihnen meine Leidenschaft gerade ein letztes Mal nahebringen und nehme einen Schluck sauren Apfelsaft aus meiner Flasche, da ruft mich eine Kinderstimme, ich weiß nicht, wer es ist: „Herr Berisha, wie geht's Matus? Sie haben ihn doch gestern Abend allein aufs Eis gelassen ...?" Der da spricht, hält sein Handy hoch.
Ich sacke zusammen. Das haut mich um. Ich gehe in die Knie, bevor ich mich irgendwo festhalten kann. In meinem Kopf jagen sich die Bilder der letzten Nacht: Bier. Schnaps. Espresso. Matus. Eishalle. Die Leute von der Rettung über ihn gebeugt: Gehirnerschütterung. Alle starren mich an.
All diese Kids, die zu Hause erzählen werden, dass ich gestern Nacht mit Alkohol im Blut Auto gefahren bin, um einen verletzten Matus bei einer Eishalle abzuholen und ins Krankenhaus zu begleiten.
Matus, der sich bei einem Sturz in der Halle eine Gehirn-

erschütterung beigebracht hatte, zusätzlich zur Verletzung, die er ohnehin schon mit sich herumträgt wie eine Trophäe, Finns Schlag. Und auch da habe ich versagt, das wird bei dieser einen Sache nicht enden, das wird weitergehen, das alles wird im Elternchat durchdekliniert werden, dort ziehen die doch immer über uns Lehrer her, und von den Eltern wird es zu den anderen Lehrkräften, zum Schulleiter, der Schulbehörde gehen, durch den ganzen Ort wird das seine Runden drehen und diese Runden werden immer größer werden und riesengroß und ... und was kommt als Nächstes?
Bin ich etwa auch dafür verantwortlich, dass Blerta mit den Kleinsten die rote Piste nahm? Dafür, dass Flora Elodie eine falsche Viper nannte, als diese ihr doch noch Applaus spendete? Für jeden Herz- und Knochenbruch, den wir hier zu verzeichnen haben, einzeln? Ich werde nie mehr Lehrer sein können! Ich muss hier weg. Ich muss rauchen!
Ich lasse die Grünschnäbel stehen, lasse die Kolleginnen und Kollegen stehen und verlasse diesen Raum, verlasse das Gebäude, es donnert in mir, dass es gar nicht mehr aufhören will, ich stapfe dagegen an und flüchte erstmal um die Schneekanone herum und um die Scheune, entschwinde jeglichem Sichtfeld ganz, mein Kopf ist heiß, sosehr versteife ich mich darauf, dass mich alle anstarren, so laut donnert der Schock in mir.
Ich muss rauchen, also zünde ich mir mit zitternden Fingern eine Zigarette an. Ich muss stressrauchen, und weil sich der Aufruhr in mir nicht legt, zerre ich mir den Reißverschluss auf, fingere nach dem Handy und rufe endlich meine Frau an. Dann merke ich, dass ich weine.
Lehrer Valdet Berisha versteckt sich hinter einer Scheune und flennt seiner Frau ins Ohr.
Oh Mann. Ich höre, wie ich keuche: „Ich hab so Schiss –! Was, wenn ich das verbockt habe –? Ich werde alles verlieren, was ich mir aufgebaut habe –!"

Nach meiner Frau rufe ich meinen Vater an, und dummerweise sagt er: „Wenn das losbricht, so etwas, Valdet, das hält man nicht mehr auf, das ist eine Lawine ..."
Eine Lawine. Mannomann.
Noch eine Zigarette.
Noch einmal meine Frau. „Beruhige dich. Versuche dich zu beruhigen, Valdet."
Aber ich weiß das. Ich weiß, was kommt. Ich habe das zu oft schon miterlebt bei Kolleginnen und Kollegen aus dem Lehrerteam. Es braucht nur einen Moment ..., einen einzigen Fehltritt! Mit den heutigen Möglichkeiten, ich denke an E-Mails, an Kurznachrichten, an kleine dumme Filmchen, Memes, und ich sehe mich, wie ich die Bierflasche zum Prost hochhalte – hab ich die Flasche gestern hochgehalten? Hab ich Arschloch irgendjemandem zugeprostet? Wie viele Bilder gibt es davon? Wie viele von Matus in meinem Auto an meiner Seite? Mein Gott, was das signalisieren könnte!
Der Boden sackt mir unter den Füßen weg.
Ich kauere mich hin, und in meinem Kopf höre ich die Stimme meiner Frau, die sagt, dass mich das Unterrichten zu sehr hernimmt. Dass es ihr wehtue, das zu sehen, dass ich ... Es nützt nichts. Ich keuche weiter, kann nicht denken. Ich muss zuallererst meine Atmung in den Griff kriegen. Ein.
Aus.
Ein.
Aus.
Erst, als ich mit dem Weinen aufhöre, rufe ich unseren Schulleiter an.
„Du musst dich jetzt zusammenreißen", sagt Frank, „lass uns einfach mal abwarten, was kommt."
„Was, wenn die sagen, ich hätte mich ins Koma gesoffen? Was, wenn die –"
„Valdet."

„Was, wenn nachher rumgeht, ich hätte Matus absichtlich ... weil ich nachlässig ... ich –"

„Valdet, atme."

„... Kinder gefährde! Ich habe meine Aufsichtspflicht verletzt! Ich habe alles in den Sand gesetzt ..., was passiert mit mir? Was passiert jetzt mit meinem Ruf?"

„Verlängere die Ferien um ein paar Tage. Bleib zu Hause. Ich besorge eine Stellvertretung für dich."

„Aber ich, ich –"

„Atme. Wir werden sehen, was kommt. Und wir werden gemeinsam entscheiden, was zu tun ist. Bleib zwei Wochen länger im Urlaub, ich finde einen Ersatz."

Langsam komme ich zu Atem. Aber mein Kopf funktioniert noch nicht, es kommen andere Worte als die, die ich sagen will: „Was, wenn die behaupten, der Berisha saufe und überlasse die Kids sich selbst?"

„Valdet Berisha, atme! Schau zu, dass du diesen Tag gut über die Runden bringst, sprich mit niemandem darüber. Danach machst du erstmal vierzehn Tage frei. Ich werde dich abschirmen, bis wir gemeinsam entscheiden, wie wir informieren werden, ja? Aber tu mir den Gefallen und atme."

„Ich muss meinen Namen reinwaschen, damit ich wieder zurückkommen kann, muss ich ..."

„Atme!"

Geräuschvoll hole ich Luft. Die Luft schneidet mir in die Luftröhre wie hundert Messer. Ich höre, wie mein Schluchzen wiederkommt.

Und dann höre ich von vor der Scheune noch etwas anderes: Gekreische und Rufen. Ich verstehe den Namen Dennis und das Wort Hilfe, und ehe ich mich's versehe, stehe ich vorne bei den Kids, wo Elvira Stuck neben Dennis in die Knie sinkt und trocken sagt: „Sieht gebrochen aus. Nicht bewegen." Sie dreht sich zu mir um, sieht mich mit dem Telefon in der Hand:

„Rufst du bitte die Rettungswache an, Valdet? Wir haben hier", sie schaut aufs Scheunendach, von dem aus Dennis offenbar in einen Schneehaufen gesprungen ist, unter dem ein Pflug versteckt stand, „... eine weitere kleine Katastrophe."

Genieß die Auszeit!
Lieber Valdet,
wir alle vermissen dich, speziell dein Organisationstalent, deinen schrillen Pfiff übers Schulhausareal, deine Äpfel und deine Verlässlichkeit. Wir hoffen, du kehrst gestärkt in den Schuldienst zurück.

Frank Kaufmann,
zusammen mit Sebastian Uhlmann, Elvira Stuck, Boris Kleinert, Vero Zuberbühler und allen anderen vom Team

P.S. ich bin grad drei Tage weg. Meine Post liegt offen in meinem Fach im Schulleiterbüro. Falls du vorbeikommst und per Zufall etwas rausnehmen willst. Einen Eingeschriebenen zum Beispiel.

HEUTE

Finn Aicher

Damals hatten wir Angst. Angst, unseren Ruf zu verlieren, unseren sicheren Stand im Leben, unsere Kindheit, unser gewohntes Umfeld und damit all das, was uns vertraut war. Unsere Identität. Das, was uns füreinander und für uns selbst ausmachte.
Was wir im Spiegel sahen, machte uns Angst. Was wir am Morgen beim Aufwachen dachten: Angst. Was uns abends ins Bett begleitete: Angst. Selbst die unter uns, die sich entschieden hatten, hatten Angst. Denn was, wenn sich die eigene Entscheidung als nicht die richtige herausstellen sollte? Und die, die es nicht wussten, missgönnten den anderen ihre Sicherheit. Oder sie waren, wie ich, voll Unverständnis für deren Angst – die hatten doch alles? Was wollten die denn noch?
Angst. Missgunst. Stress. Die Welt zersplitterte. Aber wenn sich alle anderen beim Erzählen an die Reihenfolge halten, dann ich auch. Heute kann ich das, mich an Vorgaben halten. Aber damals ...

Meine Eltern waren an besagtem Tag, dem Tag, an dem meine Faust, wie Dennis es in seinem Kapitel beschreibt, Matus' Kiefer treffen sollte, wieder einmal am Streiten. Ich spürte den Gefahrenstrom der nicht gesagten Halbsätze, und dann kamen sie doch heraus, ihre bösen Worte, wie Flakgeschosse. Geschwader, getrieben von Hass. Meine Eltern sind Getriebene, so sehe ich das heute. Damals nicht. Damals presste ich mir meine Hände über die Ohren, wollte nichts hören, nichts mitbekommen, nichts wissen vom Horror, der sich seit

Langem schon – seit ich denken kann? – in unserem Zuhause abspielte. Dem Horror, ich könnte nicht das Kind meiner Eltern sein. Mein Vater sei gar nicht mein Vater, um es präzis zu benennen, was da in Andeutungen schwelte. Abwechslungsweise schimpfte er, meine Mutter habe ihn betrogen, oder sie bezichtigte ihn, kein richtiger Vater zu sein, und wenn er wüsste ... den Rest ließ meine Mutter jeweils in der Luft hängen. Unsichtbare Drohwortschlangen, in denen ich mich verfing.

Von all dem ausgeschlossen blieb seltsamerweise Emilia. Meine kleine, elf Jahre jüngere Schwester. Sie liebte mich, auch als ich für die Gemeinde Zeitungen bündeln ging, anstatt wie die anderen in meiner Klasse eine Schnupperwoche zu machen. Sie liebt mich mit der ganzen Kraft eines Kindes, das seinen großen Bruder liebt, ihn geradezu vergöttert. Ich ging nach draußen, wie üblich hing Emilia kopfüber von einem Ast. Ein Nachbar spazierte mit seinem Hund vorbei, die Einkäufe vor der Brust. Ich bin sicher, dass er den Streit hörte, der aus unserem Küchenfenster drang. Ich schämte mich so. Meine Mutter schrie gerade: „Ja! Du hast recht! Die ganze Zeit schon hast du recht! Nur nützt dir dein Rechthaben nichts, weil du nämlich nicht sein Vater bist! Und Emilias Vater bist du auch nicht! Also halt den Rand!" Und ich erschrak mich zu Tode bei diesen Worten. So klar hatte es meine Mutter noch nie ausgesprochen, ich wusste augenblicklich: Das ist wahr.

Mein Blick schoss zum Nachbarn. Der stand am Gartenzaun und schüttelte den Kopf. Im Weggehen zeigte er mit seinem Kinn auf meine Schwester, wie sie da vom Ast baumelte und ihre Haare flattern ließ, und ich schwöre, er sagte: „Sind bei euch in der Familie eigentlich alle verrückt?"

Das brachte mein Fass zum Überlaufen.

Ja. Stimmt. Ich war schon eine Weile geladen. Eigentlich die ganze Oberstufe über. So lang stritten meine Eltern nun schon ungehemmt und ohne sich vor uns zu verstecken. Meine Wut ließ sich nicht mehr mit kleinen Pöbeleien vertreiben, indem ich jemandem auf dem Pausenplatz ein Bein stellte, ihn beim Sport in die Seitenbande schubste, auslachte oder blöde Kommentare machte. Meine Wut ließ ich mittlerweile handfest an unbelebten Objekten aus. Ticketautomaten. Snackautomaten. Parkgeldautomaten. Jetzt aber war ich so geladen, dass ich die Wut in meinen Fäusten spürte, wie sie sich dort zusammenballte und wirklich etwas kaputtmachen wollte. Nicht nur dreinschlagen und eine Delle oder einen Glasbruch verursachen, nein: zerstören.

Weil ich nicht wollte, dass mich Emilia in dieser Verfassung sah, wandte ich mich eilig ab und brach auf in Richtung Bahnhof.

Ja, und dort kam dann eins zum anderen. Die Hooligans waren wieder da, ich hörte sie schon von Weitem. Sie imponierten mir mit der Stärke, die sie demonstrierten, ihrem Scheißdrauf. Einer hob die Faust zum Gruß, ich zeigte ihm die meine. Natürlich war ich ein Nichts in seinen Augen, ein Kind sogar, sein Gruß hat gar nicht mir gegolten. Trotzdem bildete ich mir ein, dass sich da ein Gefühl der Wärme in mir ausbreitete, ich träumte von Zugehörigkeit – diese Sehnsucht nach Zugehörigkeit raubte mir jeglichen Verstand. Mein Gehirn war ein Organ ohne Sinn und Zweck. Einzig: Zoff machen! Einer Gang angehören, Teil von etwas sein, das stark ist und zusammenhält!

Matus war ein Opfer nach meinem Gusto, ein Zufallsopfer, klein, ein Zwumpf, zwar einer, den ich einst gemocht hatte, aber jetzt halt auch derjenige, der wusste, dass ich meinen Schnuppertag eingesperrt im Klo verbracht hatte. Als mir diese Sache wieder in den Kopf schoss, war es entschieden. Ich weiß nicht, ob ich den Schlag absichtlich abgemindert habe oder nicht, ich wünsche es mir. Ich wünschte es mir noch im Moment des Zuschlagens. Aber ich schlug zu. Daran besteht kein Zweifel.

Matus, armer Matus, Mäuserich. Dabei hatte ich mit ihm als Kind Eishockey-Quartettkarten ausgetauscht. Aber halt auch Matus, der mich überholt hatte, der wusste, wie es für ihn weitergehen würde nach der Schule, der mich wie alle anderen zurückließ. In meiner Faust floss das Blut erneut zusammen. Matus schaute mich nur an und schien zu wissen, was ich dachte. Ich packte ihn am Kragen und drückte ihn zu Boden.

Das dumpfe Geräusch, als sein Kopf auf dem Boden auftraf, und ich weiß noch, dass ich hoffte, wenigstens einer der Hooligans sähe jetzt zu mir herüber, dann wäre das alles nicht umsonst ... Aber dann erblickte ich Dennis mit seinen obercoolen Designerschuhen, den Earplugs und den Einkäufen für daheim, und ich sah mich mit seinen Augen. Und das stachelte mich erst recht an.

Mit meinem Stiefel hielt ich Matus unten. Mit meinem Stiefel – ich schäme mich, es zu sagen. Die Hooligans johlten und zertrümmerten und traten alles, was sich in ihrem Weg befand.

Dennis glotzte noch immer, also schrie ich ihn an. Ich weiß nicht mehr genau, was ich brüllte. Er zuckte zusammen, es hatte Wirkung. Voller Inbrunst warf ich mich ins Getümmel. Ich schlug und trat besinnungslos und doch hellwach gegen Säulen und Eimer, Pfosten und Wände und ließ meine Wut raus, die so lange in mir gewachsen war. Irgendwann warf ich mit dem Inhalt eines Abfalleimers um mich, Dosen, Flaschen, ein halber Schirm. Und irgendwann erklang die Polizeisirene in meinem Bewusstsein und ich weiß noch, ein ganz kleiner verschüchterter Teil in mir war froh, dieses Geräusch zu hören. Endlich.

Und dann erinnere ich mich an den Schmerz in meinem Bein, ich kickte immer wieder, ich kickte weiter und von neuem, und ein Knüppel traf mich. Und dann knackte es. Wenn ich daran denke ...

Jetzt liegt das doch alles weit zurück und beinahe vergessen in irgendwelchen Aktenschubladen. Aber wir haben uns gemeinsam dazu entschieden, noch mal hinzuschauen. Nicht zu vergessen. Und etwas aus dem zu machen, was uns geschah. Jetzt liegt all das weit hinter uns, was uns so plagte! Welche Kleider wir trugen. Ob die in waren oder out. Welche Noten wir heimbrachten, ist weitgehend vergessen, jetzt sind wir dabei, in etwas anderes hineinzuwachsen, in uns selbst als die Erwachsenen, die wir sein werden. Mit unseren eigenen Werten und Wichtigkeiten und der Fähigkeit, mitzugestalten. Die Angst, das kann ich heute sagen, vergeht. Es wird besser mit der Zeit – bei allen ist das so. Über kurz oder lang. Auch wenn es bei mir ein bisschen länger dauerte.

Nach der Bahnhofsschlägerei landete ich im Spital. Fußgelenk gebrochen. Bisschen kompliziert. Tja. Und so musste ich neu laufen lernen. Schritt für Schritt. Uhlmann kam mich besuchen, als meine Klasse im Skilager war. Man hatte mir Sozialstunden aufgebrummt und mich der Schule verwiesen. Eine gerechte Strafe, wie ich finde, eigentlich hätte ich Härteres verdient.
„Aber wofür?" Das waren die Worte, die Uhlmann sagte, als er mich im Spital aufsuchte. „Wofür denn nur, Finn?" Und da war keine Verurteilung, keine Beschämung, eher so was wie ... Liebe.
Diese Frage, und wie er sie mir stellte, war wie eine Offenbarung für mich. „Wofür?" Völlig unvermittelt fühlte ich mich an einen neuen Startpunkt meines Lebens verfrachtet.

Ich spürte, ich wollte kein brutaler Schisser mehr sein, nicht mehr der, der andere ängstigt. Und nicht mehr der, der nichts macht und alles in sich hineinfrisst. Und keiner, der nur hasst. Ich wusste also sehr genau, wer ich nicht sein wollte. Wer ich werden würde, wusste ich nicht. Aber ich wollte, so wie Uhlmann, Liebe geben. Dass ich lieben wollte, spürte ich.
Vielleicht war's Uhlmanns ehrlich betroffener Blick. Vielleicht war es Frau Herrgott oder der Geist des Universums, die ihren Zauber völlig unverdient auf mich niederregnen ließ – keine Ahnung, auf jeden Fall entschied ich mich, mein Leben von da neu aufzubauen. Auf meinem eigenen Fundament. Ich traf eine Wahl. Und darum geht es, glaube ich. Eine Wahl zu treffen. Für ein Wofür im Leben. Eine Wahl.

So wenig, wie ich mit Uhlmanns Besuch gerechnet hatte, so wenig hätte ich es geglaubt, wenn mir jemand gesagt hätte, wer noch in meinem Leben einen Auftritt haben würde. Aber das Leben belehrt einen eben gern etwas Besseren, wenn man es lässt.
Und das ging so: Für meine Sozialstunden wählte ich die Friedhofsgärtnerei. Hier konnte ich, als der Gips am Fuß durch eine Bandage ersetzt war, Sträucher schneiden, Rasen vertikutieren, Gießkannen ausspülen, Wege fegen und vor allem mit meinen Gedanken allein sein. Die ließ ich gerade wandern, getragen vom dünnen Vogelgesang, als ich ein „Hallo" vernahm. Da stand Dennis und versuchte sich an einem Lächeln.
„Dennis?"
„Finn, hallo."
„Wie geht's?" Was Besseres fiel mir nicht ein.
„Und selbst so?" Er schaute auf meinen Fuß, dann über die Gräber, zu den Bäumen, in denen Amseln sangen, dann

wieder zu mir, dem Jungen mit dem Besen in der Hand. Wir waren in etwa gleich groß.
„Gut", sagte ich, und das war die Wahrheit. Hier ging es mir gut. Dennis nickte. Ich deutete auf seine Hand. Er sagte: „Winterunfall."
Und dann war plötzlich auch noch Matus da! Woher war der denn jetzt gekommen? Hatte er also hinter dem Tor gestanden und abgewartet – dieser Wikinger!
Ich pfiff durch die Zähne, fand es aber im gleichen Moment blöd, dass ich das machte, und hörte auf.
Matus bewegte seinen Kopf nur langsam über seinem Stützkragen. Ich glaube, er hat versucht, mit den Achseln zu zucken. „Bin selbst schuld." Es überraschte mich, dass Matus ausgerechnet das sagte. Blitzschnell prüfte ich, wie viel von dem blauen Auge noch zu sehen war, das er mir zu verdanken hatte. Schimmerte es noch? Ein bisschen, aber vielleicht bildete ich mir das auch nur ein. Er führte aus: „Ich glaube, ich wollte das."
„Ein blaues Auge?"
„Nein", sagte er trocken, „eine Rettung. Irgendwie."
„Rettung wovor?"
„Hei, weißt du, wie stressbeladen mein Leben ist?"
„Aber, der Kragen?"
„Gehirnerschütterung. Eishockey im Skilager. Dumm gelaufen."
„Und dann auch noch der Sturz mit deinem Mofa", ergänzte Dennis. Aber Matus grunzte nur. Kann sein, dass er endlich im Stimmbruch war.
„Wie jetzt? Dreimal Pech?", fragte ich.
„Ja, doch. Ich wollte das so."
Ich verstand nicht. „Aber mit deinem zehnten Schuljahr Kunst + Sport, das wird doch stressig?"
Wieder zuckte er die Achseln, schon etwas vorsichtiger als

vorher. Er sagte: „Ich habe mir das angeschaut. Der Stundenplan ist einer für Babys im Vergleich zu unserem. Und nun, mit meiner Gehirnerschütterung, muss ich vielleicht gar nicht mehr aufs Eis."
Ich stützte mich mit meinem Unterarm auf dem Besenstiel auf. Hörte ich richtig? Matus wollte vielleicht nicht mehr zurück aufs Eis? Wir drei Lädierte gaben bestimmt ein eigentümliches Bild ab inmitten des Friedhofs. Ich fragte ihn: „Willst du denn nicht mehr?"
Matus blickte in die Ferne. Dann sagte er: „Muss ich noch rausfinden."
Ich nickte anerkennend über seinen Mut. Jedenfalls hoffte ich, dass er meine Anerkennung für seine Entscheidung aus meinem Blick herauslesen konnte. Dennis beobachtete uns. Ich sagte zu ihm: „Und du? Grafik? Zeichnen?"
„Äh, du hast Augen im Kopf, ja?"
Dennis hob seine Hand im Gips. Ich sah, wie es in seinem Kopf ratterte. Er fragte: „Bist du denn schon wieder gut auf den Beinen?"
„Wieso fragst du?"
Dennis und Matus tauschten Blicke. Es war offensichtlich unklar, wer von den beiden Antwort geben sollte. Einen Moment lang spürte ich in mir die alte Ungeduld, ich mag es noch immer nicht, wenn Dinge nicht direkt ausgesprochen werden. Aber ich zwang mich zu warten. Ich hörte, dass Dennis etwas von Mut wisperte, und dass Matus diese Stärke in einem neuen Gebiet anwenden müsse, all das, was ich vormals für vollkommenen Quatsch erachtete, machte mich jetzt stutzig, flatterig, neugierig – auf was?
Matus räusperte sich: „Also, es ist so. Du erinnerst dich an die Schreib-Insel."
„Ja", ich war unsicher, was jetzt kommen würde, „ich erinnere mich."

„Und ans Fach Freies Schreiben – schreib dich frei?"
Worauf wollte dieser Silbenstecher hinaus? Aber in mir drin war ich schon geschmolzen. In mir verspürte ich eine solche Wärme darüber, dass Dennis und Matus mich aufgesucht hatten, hier vor mir standen und mit mir redeten, mich in etwas einbezogen, bei dem sie mich dabeihaben wollten.
Dennis übernahm: „Also, wir haben entschieden, das alles aufzuschreiben, was in unserem Leben in den letzten drei Jahren geschehen ist. Als Reigen, bei dem jede und jeder ein Kapitel verfasst und an die nächste Person weitergibt."
„Hä?" Ich verstand rein gar nichts.
Matus sagte: „Du musst nur etwas über dich schreiben, Dennis gestaltet daraus dann ein Buch." Und Dennis fügte nahtlos hinzu: „Für unsere jüngeren Geschwister, bei dir für Emilia vielleicht?"
„Und für alle, die es lesen wollen", probierte es Matus weiter.
In meinem Herzen verspürte ich so viel Liebe, also strengte ich mich an und fragte: „Ein Reigen?"
„Dazu brauchen wir auch dich. Damit das rundherum gehen kann wie ein Rondo."
„Mich?"
„Wir brauchen dich, ja."
„Texte sind ja nicht so meine Stärke ..."
Die beiden sahen sich wissend an, dann sagte Dennis: „Aber Feuchtgebietüberquerungen im Auenwald."

*

Jetzt stehen wir also wieder hier. Alle, die mitmachen wollten, alle, die nicht ausscherten, und ich bin dabei. Es ist zwar nicht die ganze Klasse, die sich auf der Wiese einfindet, aber

immerhin sind wir dreizehn: Tekkie, Elodie, Samuele, Léannah, Nico, Malin, Eelamaran, Blerta, Flora und Liv hatten sich wie ich von Dennis und Matus davon überzeugen lassen, dass eine Feuchtgebietüberquerung jetzt das einzig Richtige für uns ist. Sie sagten Dinge wie:
„Eine Woche nur noch sind wir zusammen! Nachher vielleicht in alle Winde zerstreut!"
„Jetzt können wir gemeinsam gegen die Angst angehen, erinnert ihr euch an das Gefühl, als wir danach alle auf der Wiese lagen?"
„Worum sonst kann es denn gehen, wenn nicht um Solidarität?"
„Schau sie dir doch an, unsere Welt! Sei dabei!"
„Das wird ein einmaliges Erlebnis – wir, drei Jahre danach – die AE9 reloaded zurück im Moor ..."
„Das ist das perfekte Wofür!"
Für jede und jeden hatten sie eine ergreifende Erklärung parat. Mir versprachen Malin und Blerta, mich dabei zu unterstützen, doch noch in ein zehntes Schuljahr zu kommen. Obwohl das bei mir wenig aussichtsreich war, als jemand, der nicht ein einziges Mal schnuppern gegangen war. Drei Jahre lang nicht. Léannah sagte: „Finn, das Glas mag zwar halbleer sein, aber es wird halbvoll sein", was ich nicht ganz verstand, was aber sicher nett gemeint war, das spürte ich. Als dann zuletzt auch noch Samuele dazu kam und mich damit köderte, er wisse, wie man unablehnbare Briefe verfasse, gab ich nach. Einen Versuch ist's wert. Immerhin. Immerhin hat auch der Uhlmann zu mir gesagt, seine Tür stehe mir jederzeit offen. Mit so viel Liebe rundherum werd ich es wohl zu schaffen wissen. Und wenn nicht, mache ich ein Jahr als Friedhofshilfsarbeiter weiter. Gärtnern ist gar nicht so schlecht.

Jetzt stehen wir hier, alle dreizehn, bereit, unseren Zusammenhalt erneut zu bekräftigen, unsere Solidarität mit Taten zu befeuern, wir stehen hier, aber nicht, wie erhofft, jubelnd, sondern mit langgezogenen Gesichtern, denn: Der See ist nicht mehr da!

Was ich meine, ist: Das Gelände hat sich verändert. Das Wasser verläuft heute anders als vor drei Jahren. Wie hatte das Berisha so überaus kreativ genannt damals? Einen Wandersee. Und wirklich: Neue Kiesinseln sind entstanden, alte Baumstrünke stehen schief oder sind untergegangen, dafür liegt nun ein fauliger Baumstamm quer und verbindet einen der breiten Strünke mit einer Art Insel. Wir schauen, und wir alle müssen das erst mal sacken lassen.

„Der See ist ein Fluss geworden", sagt Elodie, „er ist ja so viel breiter!"

Was will man darauf antworten?

Gerüche steigen mir in die Nase. Die Gerüche, die zwar noch dieselben sind und die eine Erinnerung wecken an Abenteuerlust – aber: so viel Wasser!

Ich schlage mir mit der Hand gegen den Hals. Dieselben Insekten foppen mich, oder deren Nachkommen. Und wie damals unkt Samuele etwas von Gespenstern. Niemand antwortet, aber Flora macht eine Geste der Hoffnungslosigkeit, die bei mir an einen Nerv rührt. Unwillkürlich fährt ein Schauder über mich.

Hier stehen wir also wieder.

Ratlos wie einst.

„Hei, Patrice?" Ich schaue zu Léannah, die in ihr Handy spricht. „Ja, wir sind da. Ist gut. Prima. Ich danke dir." Sie drückt ihn weg und schiebt das Handy in ihre Tasche. Wir starren sie an, bis über Samueles Gesicht ein Lächeln huscht. Auch er ruft einen Kollegen aus der Parallelklasse an. Und

gar nicht lang, da kommen ein paar von denen anmarschiert, mit Reifen, Bohlen, Leitern und Seilen.
„Wir werden uns einen neuen Übergang bauen, auch wenn es schier unmöglich scheint", sagt jemand, ich weiß nicht wer, und ich denke: Was, wenn wir es schaffen?

Ich führe unsere Gruppe an, zusammen mit Elodie. Sie reicht mir die Hand, zieht mich zu sich hinüber auf den dritten Strunk und ruft, wie es damals Malin vor drei Jahren tat: „Strunk hält!"
Elodie lacht mir ins Gesicht. Ihre kurzen Haare kräuseln sich über ihrer Stirn, sie schwitzt. Ich schwitze auch unter meinen Locken, aber ich fühle mich nicht mehr als Schisser. Ich stehe hier auf dem dritten Strunk zusammen mit einer Klassenkameradin und mit meinem Fuß in der Bandage, und ich weiß, ich kann mich an ihr festhalten.
Von hinten reicht uns Nico ein Schalholz. Vorsichtig legen wir es als Brücke von Strunk drei zu Strunk vier. Elodie tänzelt hinüber, und schon steht Nico – mich stützend – auf meinem Strunk, und wie bei einer Feuerwehrübung reichen wir uns die einzelnen Hilfsmittel von Hand zu Hand, legen Wege, sodass auch Dennis, Matus und ich rübergelangen. Eigentlich ist es Wahnsinn, was wir machen. Aber eigentlich ist es gut. Einer der Autoreifen umringt einen sehr dünnen Strunk, sodass wir dennoch darauf Halt finden. Mit einem ausgedienten Eishockeyschläger stützt Eelamaran einen Baumstamm und hält ihn davon ab, im Wasser zu drehen. Und alles, was wir uns für unsere Überquerung des Gewässers bereitlegen oder mit den Schuhen festtreten, nehmen wir später auch wieder mit – dafür garantieren Blerta und Léannah, die über die Sammelaktion die Aufsicht übernehmen.
Immer öfter hört man Lachen. Kleine Gespräche. Einen Witz, der gemacht wird, eine Pointe, die quittiert wird, einen

Flora-Rap. Und dann, inmitten von an- und abschwellendem Froschgequake und einfach so geben sich Tekkie und Malin einen Kuss. Wir anderen gaffen. Malin leckt sich die Lippen und schaut mit einer Mischung aus Stolz und Verlegenheit in die Runde. Ist aus den beiden also ein Paar geworden! Malin scheint von sich selbst überrascht.
Aber auch Nico grinst, und dann sehe ich, dass Liv nach seiner Hand greift und sie einmal fest drückt. Ich kann es kaum fassen: Wir stehen mitten im Tümpel, gerade eben hat sich Dennis einen Schuh voll Wasser rausgezogen, und wir haben nichts anderes zu tun, als Händchen zu halten, zu küssen und uns ins Gesicht zu lachen!
Wir schallen lauter als die Frösche.
Wir sind ein veritables Lachkonzert.
Wir sind, was wir sind: ein Häufchen junger Menschen auf der Suche nach dem Glück.
Als wir plötzlich am anderen Ufer, dort, wo die Wiese im Abendlicht schimmert, eine Bewegung wahrnehmen, stehen wir noch alle mitten auf unseren improvisierten Halteflächen, und zwar schon reichlich nass. Ich schaue, aber ich kann nicht ausmachen, was die Bewegung war. Konzentriert und mit Neugier arbeite ich mich weiter voran, nicht ohne immer wieder rüberzuluchsen. Ist das die Möglichkeit? Etwas Weiches breitet sich in mir aus ..., etwas Wohliges wallt in mir auf, eine Wärme, und in meine Augen schießen Tränen, denn jetzt bin ich mir sicher, dass ich dort drüben Berisha erkenne. Es ist Berisha, der sich hinhockt, die Arme auf die Knie gestützt, den Blick auf uns gerichtet.
Matus ruft: „Herr Berisha!" Dann winkt er heftig durch die Luft, sodass ihn Flora und Samuele stützen müssen, damit er sein Gleichgewicht behält.
„Herr Berisha ...!", ruft nun auch Dennis, und dann Liv und lachend Nico auch; wir alle rufen jetzt: „Herr Berisha! Herr

Berisha!" Und Eelamaran will mit seinem Rucksack winken, aber Blerta rügt ihn: „Jetzt lass deinen Rucksack schön da, wo er hingehört, Maran." Strahlend und auf Berisha zeigend, schlüpft Eelamaran zurück in die Träger, bis der Rucksack schließlich ordentlich an seinem Rücken hängt.

Wir sind wie Kinder, wir lachen und reden durcheinander und arbeiten uns, so gut es geht, und mit neuem Antrieb voran.

Abschnitt für Abschnitt verkürzt sich die Distanz zum anderen Ufer. Und plötzlich ereilt mich ein mulmiges Gefühl. Berisha und ich, wir haben uns seit der Schlacht am Bahnhof nicht wieder gesehen, seit einem Schultag davor, um genau zu sein. Und wie ich von Malin erfahren habe, hat der Berisha das Unterrichten aufgegeben, weil da wohl irgendwas im Klassenlager vorgefallen war.

Was also macht Berisha hier? Hat er den Klassenchat gelesen und weiß er deshalb, was wir vorhaben?

Warum ist er hier? Und warum auf der anderen Seite, warum war er nicht mit uns am Start?

Patrice sagt: „Wenn nur die Stuck nicht auch noch auftaucht..."

„Wieso? Wer ist das?", frage ich.

„Seine persönliche Katastrophe", antwortet Dennis und reicht die Leiter zu uns nach vorn.

„Deine Entwicklungsmöglichkeit", sagt Blerta. Und zu niemandem und allen: „Ihr könnt nicht ewig eure Lehrerinnen und Lehrer und die Eltern für euer Leben verantwortlich machen."

Ich habe zwar nicht die Spur einer Idee, wovon sie spricht, aber ich bin sehr dafür, dass es mit den persönlichen Katastrophen in unserer Klasse endlich ein Ende nimmt. Ich habe es nämlich bald geschafft. Nur noch ein Meter – dann bin ich auf der Wiese.

Als ich an Land springe, überholt mich Eelamaran, der noch

im Laufen seinen Rucksack öffnet und ihn vor Berishas Füßen ausleert: Äpfel!

Ich glaub's ja nicht! Rosa Äpfel, kleine Äpfel, gelbe Äpfel, große Äpfel, Äpfel über Äpfel kullern heraus. Berisha macht ein Gesicht des Tadels. Berisha wirft beide Hände in die Luft. Berisha lacht und probiert einen bewundernden Pfiff durch die Zähne, der ihm prompt misslingt. Nun greift er nach seinem eigenen Rucksack, dreht ihn überkopf und leert eine beinahe ebenso umfangreiche Sammlung Äpfel auf den Haufen. Und endlich ist der Bann gebrochen.

Ich glaube, es ist das erste Mal, dass ich einen Erwachsenen weinen und lachen zugleich sehe. Berishas Augen sind nass, und auch wir fallen uns – vor Erleichterung heulend – in die Arme. Ich rieche Berisha, seinen Sportlergeruch, und ich drücke ihn, der so viel kleiner ist als ich, ein Riese bin ich geworden. Ich merke, wie er auch mich drückt. Und als ich ihn loslasse, sehe ich meine Freunde, wie sie uns anschauen, mit Rührung im Gesicht und bewegt; selbst die von der Parallelklasse stehen beklommen da.

Dieser Moment besiegelt unseren Willen. Wir werden zusammenhalten. Und obwohl ich nicht weiß, wie es für mich weitergehen wird, weiß ich, dass es weitergehen wird. Das Glas wird halbvoll sein, auch einmal für mich. Das Schlimme wird noch da sein, aber ich werde es umdeuten können.

Ich höre Klatschen. Gerade klatscht Flora Elodie ab. Unser Sumpf-Pakt-Gruß! Und dann kommt auch schon Blerta. Blerta, die sich wie eine Politikerin hinstellt und unsere Aufmerksamkeit will. Blerta, die einen Brief hervorzieht und feierlich sagt, als weihe sie ein Gebäude ein: „Diesen Brief habe ich für Nico geschrieben. Lieber Nico. Ich schreibe dir diesen Brief, weil ich dir danken möchte. Die letzten drei Jahre habe ich dich zu meinen Klassenkameraden gezählt und gesehen, was für ein toller Mensch du bist. Obwohl du es zu Hause nicht immer leicht hattest, hast du uns andere das nie spüren lassen. Mit Humorbereitschaft bist du jeden Tag in die Schule gekommen und hast am lautesten gelacht, wenn es was zu lachen gab. Das hab ich an dir bewundert. Du hast dich nie in den Mittelpunkt gestellt, aber immer warst du da. Ein fixer Teil von uns, ein Mensch mit vielen Qualitäten. Ich bin sicher, du wirst deinen Weg gehen, denn du hast etwas, was es dazu braucht: die nötige Mischung aus Realitätssinn und Abenteuerlust. Dass du mir im Skilager aufmunternd auf die Schulter geklopft hast, vergesse ich dir nie. Danke, Nico. Deshalb ..." Und so liest Blerta weiter, berichtet von Geschehnissen, von denen ich keine Ahnung habe und von anderen, die ich mir gut vorstellen kann. Es herrscht eine andächtige Stimmung. Patrice und die anderen Jungs aus der Parallelklasse staunen, man sieht es ihnen an. Als Blerta fertig ist und ihren Brief ordentlich zusammengefaltet an Nico reicht, klatschen wir Applaus. Nico wird rot und ich glaube, er will Blerta umarmen. Blerta wehrt ab – „kein Gruppenkuscheln, bitte" – und offeriert ihm stattdessen den Sumpf-Pakt-Gruß. Ich bin platt. Wer aber noch mehr platt ist, ist Herr Berisha. Die Bewegung seiner Lippen verändert sein ganzes Gesicht auf seltsam beunruhigende Weise. Sein Gesicht wird faltig und seine Stirn ruckelt vor und zurück, ich glaube, er versucht das Weinen zurückzuhalten. Aber da wischt er schon eine seiner Tränen mit dem Daumen weg, glaubt er denn, man sieht es nicht?

Nur kurz abwartend, dann beherzt, steht Nico auf. Wie abgesprochen, führt er den Briefe-Reigen fort. Und ich begreife: Es *ist* abgesprochen!

Nach und nach trägt jede und jeder einen Dankesbrief für jemanden vor, dessen Name sie offenbar in der Schule ausgelost haben. Alle lesen sie andächtig und ernsthaft. Meinen Dankesbrief bekomme ich von Matus. Ich schäme mich nicht, dass ich weine. Hier weint sowieso bald jeder. Ich schäme mich, weil ich davon nichts wusste und selbst keinen Brief vorzulesen habe.

Als schließlich alle ihre Dankesbriefe vorgetragen bekommen haben, tritt Stille ein. Jeder hier weiß nun haargenau, wofür er geschätzt wird. Selbst ich. Etwas verlegen blicke ich zu Berisha. Ihm hat niemand etwas vorgelesen. Sein Hiersein hat uns alle überrascht. Ich sehe, wie er seine Schuhe anstarrt. Wie es arbeitet in ihm.

Da reckt sich Samuele, unser unzuverlässiger Erzähler. Er sagt: „Herr Berisha. Wir haben uns entschieden, einen Reigen zu schreiben. Damit andere Menschen eine Leitplanke haben. Damit sie darüber lesen können, dass gute Netzwerke einen weiterbringen, mehr als Einzelkämpfertum. Diesen Wandel haben Sie in uns ermöglicht."

Berisha hebt beide Hände, will abwinken, aber Samuele spricht einfach weiter: „Weil sie uns das Träumen erlaubten. Und weil Sie nie an uns und unserer Wandlungsfähigkeit zweifelten."

Samuele holt Luft. Dann greift er in seine Hosentasche, zieht sein Handy hervor, tippt darauf herum, bis er findet, was er sucht: „Ich habe Ihnen keinen Brief geschrieben. Aber ich habe eine Geschichte markiert, über die ich im Internet gestolpert bin. Die würde ich gern ans Ende unseres Buches setzen, weil ich ja meine Wolfsgeschichte nie fertig geschrieben habe. Als Schlusspunkt sozusagen. Und für Sie."

„Und warum soll der Schlusspunkt ausgerechnet dir gehören?", fragt Blerta und schaut ihn herausfordernd an. Einen Moment lang ist die Atmosphäre hart wie Stahl. Aber dann merken wir, dass Blerta einen Witz machen wollte. Da hat sie noch Luft nach oben, find ich. Einzelne lachen.

Eelamaran mischt sich ein und sagt zu Samuele, Samuele könne doch abwechselnd mit mir lesen, weil ich keinen

Dankesbrief für jemanden habe. „Finn konnte es nicht wissen, oder, der war ja nicht dabei?"
Tekkie nickt. Schon sehe ich weitere Köpfe nicken.
Und ich bemerke, wie niemand lacht.
Samuele sagt: „Es ist keine Geschichte, die ich selbst geschrieben habe. Aber es ist eine Geschichte, die hoffentlich ausdrücken kann, was ich, und was wir alle für Sie empfinden. Also – Finn?"
Etwas wackelig stehe ich auf. Jede und jeder hat seinen Brief schließlich stehend vorgelesen, also mache ich das auch. Ich stelle mich neben Samuele und richte meinen Blick auf das Display seines Smartphones.
„Lieber Herr Berisha", sage ich, „also, das steht nicht da, das sage ich: Lieber Herr Berisha." Vereinzelt höre ich Gelächter. Ich lese den Text vor, den Samuele für Berisha ausgewählt hat: „Einst, vor langer, langer Zeit in einem weit entfernten Land, träumte ein Mann namens Dschuang Dschou, dass er ein kleiner lustiger Schmetterling sei. Er träumte sich als ein flatternder Schmetterling, der sich wohl und glücklich fühlte und der nichts wusste von dem Mann namens Dschuang Dschou. Als der Mensch Dschuang Dschou von diesem sonderbaren Traum aufwachte, in dem er ein tanzender Schmetterling gewesen war, war er nun wieder Dschuang Dschou. Nun aber weiß ich nicht, ob der Mensch Dschuang Dschou geträumt hat, dass er ein Schmetterling sei, oder ob der Schmetterling geträumt hat, dass er Dschuang Dschou sei, obwohl doch zwischen Dschuang Dschou und dem Schmetterling sicherlich ein Unterschied sein muss, nicht wahr? So ist es mit der Wandlung der Dinge: Die Dinge wandeln sich aus sich heraus – also sind sie nun dieselben oder waren sie schon immer so?"
Ich beiße mir auf die Lippen und warte. Erst jetzt merke ich, dass ich den ganzen Text vorgelesen habe. Eigentlich wollten

Samuele und ich uns doch abwechseln. Samuele aber nickt nur und sagt: „Passt. Vielen Dank für alles, was Sie für uns getan haben. Ich bin stolz und glücklich, dass Sie mein Lehrer waren und ich immer noch von Ihnen lernen darf."

Berisha winkt ab. Aber Samuele ist schneller, er hakt nach: „Sie müssen an sich glauben, Herr Berisha. Und in zehn Jahren werden Sie zurückschauen und lächeln und Sie werden wissen, dass alles gut geworden ist."

Ich weiß nicht, was andere sehen, aber ich sehe Berisha zerfließen wie warmen Teig. Ungelenk umarmt er zuerst Samuele und dann mich und dann alle einzeln, selbst die aus der Parallelklasse. Dann wischt er sich die Tränen weg. „Hab ich euch nicht zu sehr ... angetrieben? Unter Druck gesetzt?"

Flora sagt: „Sie haben immer nur gesagt, dass wir etwas tun sollen, was uns glücklich macht, etwas, was uns Freude bringt und unser Feuer entfacht. Sie haben nie gesagt, dass wir etwas werden sollen."

„*Werden*", zitiert nun Nico, „*sollt ihr nichts. Aber etwas tun, das sollt ihr*. War schon okay so."

„Ah", macht Berisha heiser. „Da bin ich aber froh. Da bin ich aber sehr, sehr froh."

„Und?", fragt Eelamaran. „Apfel gefällig?"

Als etwas im nahen Unterholz knackt, quiekt Dennis, und natürlich beginnt Samuele erneut mit seinen Geistern: „Ci sono i fantasmi!" Liv blickt auf, als sehe sie etwas auf uns zukommen. Liv, die sich im letzten Moment für ein Praktikum in einer Kinderkrippe entschieden hat, weil sie sagt, sie sei dafür geschaffen, Kindern und ihren Plüschtieren Halt zu geben, wenn die sich schutzlos fühlen, zeigt jetzt mit ausgestrecktem Finger zum Unterholz und befielt ernst: „Fort. Endgültig."

Und so sitzen wir und lachen und quatschen noch lange bis in die Nacht hinein und besiegeln damit diesen Pakt: Wir werden ein Buch schreiben. Und wir werden ehrlich sein.

Und weil Berisha bei uns hockt und schon wieder heult und in seinen dritten Apfel beißt, werden wir auch ihm einen Platz in unserem Reigen einräumen. Und wer weiß, wenn er sich wieder einkriegt und uns verspricht, zurück in den Schuldienst zu gehen und kein Schisser mehr zu sein, darf er sogar etwas dazu online zur Verfügung stellen. Das eine oder andere Arbeitsblatt vielleicht.

Warten wir's ab.

Geben wir ihm die Zeit, die er braucht, und warten wir's einfach ab. Meine Meinung dazu habe ich mir schon gebildet.

Bonus Track

Manchmal denke ich an sie zurück. Dann erinnere ich mich, was für ein besonderes Mädchen sie war. Ich weiß noch, wie sie mir hoffnungsfroh zublinzelte, wenn ich draußen auf dem Hügel vor dem Schulzimmer auf sie wartete und sie eine Arbeit schrieb. Ich weiß, wie sehr sie sich jeweils auf mich freute.

Ich weiß, was ich ihr bedeutet habe und was sie mir.

Jetzt braucht sie mich nicht mehr. Jetzt ist sie für andere da, die sie brauchen.

Und obwohl ich längst in der Gestalt eines Stofftiers bei jemand anderem bin, einem kleinen Jungen von sechs Jahren, fehlt sie mir manchmal. Dann denke ich an sie zurück und daran, welchen Weg wir zusammen gegangen sind. Und dass es gut war, wie es war.

Eddie

Danke.

Dieses Buch hatte viele Helferinnen und Helfer. Allen voran die Schülerinnen und Schüler der folgenden Klassen und deren Lehrer und Lehrerinnen:
- Sekundarschulklasse SE3c Schuljahr 22/23 und die Lehrer Christoph Wyler und Mathias Müller, Schulhaus Auen, Frauenfeld;
- Kantonsschulklasse 4Ma, Schuljahr 22/23 und der Lehrer Peter Giger, Kantonsschule Frauenfeld;
- Kantonsschulklasse 26Ma und die Lehrerin Carina Lukosch, Kantonsschule Kreuzlingen;
- Kantonsschulklasse 25Ma und die Lehrerin Nadja Strada, Kantonsschule Kreuzlingen;
- Sekundarschulklasse SE1d, Schuljahr 22/23 und Lehrer Nando Nay.

Danke, dass ich mit euch die Figuren für dieses Buch während Deutschlektionen entwickeln durfte. Gemeinsam haben wir über Ängste, Stärken, Träume und Befürchtungen nachgedacht, uns mittels inneren Monologs schriftlich angenähert und so den Grundstein zu diesen fiktiven Charakteren vertieft. Die partizipative Mitarbeit von jungen Menschen an der Entstehung dieses Romans und das in mich gesetzte Vertrauen der Lehrerinnen und Lehrer haben mich mit großer Freude erfüllt.

Bedanken will ich mich auch bei Vaksalaa Thambirajah für den Satz: „Vielen Dank für Eelamaran – er lebt und ist ein tamilischer Junge!" Dass ich einen tamilischen Jugendlichen auftreten lassen wollte, wusste ich schon früh. Dass er in sich stimmig wurde, wäre ohne Vaksalaas Beratung nicht möglich gewesen.

Ein großer Dank gebührt Mathias Müller, der mich zu einer Schreib-Insel einlud, einem Programm, das vom Verein Bibliothek der Kulturen getragen wird. Angestoßen durch seine Frage, ob es denn keinen Jugendroman gebe, der sich mit dem Thema Berufswahl befasst, verband ich mein aktuelles Schreibprojekt, das sich mit Solidarität auseinandersetzte, mit dem der Berufswahl. So entstand „Keiner bleibt zurück".

Mein Sohn, Jermaine Jerome Minelli, hat mich geduldig in die Arbeitsphilosophie eines Schulsozialarbeiters eingeführt, und bei der Manuskriptüberarbeitung durfte ich auf die punktgenaue dramaturgische Beratung von Stephan Puchner, Drehbuchautor, vertrauen. Er hat mich zu mutigen Streichungen angeregt, dank ihm habe ich Schritte gemacht, die ich ohne seine klaren Worte nicht gewagt hätte und die dem fertigen Werk sehr zugutekommen.

Dafür, dass sich die Verlagsleiterin Anna Stacher-Gfall auf das Experiment eines Reigens einließ, und dafür, dass dieser Reigen von meiner hochgeschätzten Lektorin Hildegard Gärtner bearbeitet wurde, danke ich von ganzem Herzen.

Der Werkbeitrag der UBS Kulturstiftung ermutigte mich sehr, und die Unterstützung von Cross-Roads, Evelyne Coën, schenkte mir weitere Schreibzeit.
Mit meiner Arbeit an diesem Buch durfte ich ein Schreibstipendium genießen, gewährt von der Franz-Edelmaier-Residenz für Literatur und Menschenrechte in Meran. „Keiner bleibt zurück" befasst sich in seinem Kern mit dem Recht auf Bildung, einem wesentlichen Recht, das es auf der ganzen Welt immer wieder neu zu verteidigen gilt.

Anhang

Diese Geschichte spielt in der Schweiz. In der Schweiz dauert die obligatorische Schulpflicht – nach dem Kindergarten – in der Mehrheit der Kantone neun Jahre: Drei in der Unterstufe, drei in der Mittelstufe und drei in der Oberstufe. Ab der 6. kann man sich jährlich durch eine Aufnahmeprüfung für den Übertritt ins Gymnasium (auch Kantonsschule genannt) bewerben.

Das Bildungssystem ist dezentral aufgebaut, das heißt, es kann von Kanton zu Kanton variieren.

Der Übertritt in ein Gymnasium erfolgt entweder nach der Primarstufe (Langgymnasium, Dauer sechs Jahre) oder nach zwei respektive drei Jahren auf der Sekundarstufe (Kurzgymnasium, Dauer vier Jahre).

Dieser Roman geht von einem Bildungssystem aus, das wie folgt aufgebaut ist:

zwei Jahre Kindergarten
1. – 3. Klasse = Unterstufe
4. – 6. Klasse = Mittelstufe
7. – 9. Klasse = Oberstufe

Wenn du auch einmal so schreiben willst wie in der Schreib-Insel, findest du hier die Arbeitsblätter:

www.jungbrunnen.co.at/minelli-arbeitsblaetter

Glossar

bene: gut, schön (ital.)

cazzo: wird im Italienischen verwendet wie im Deutschen das Wort „Scheiße", es ist ein vulgäres Wort für die männlichen Genitalien.

ci sono i fantasmi: es gibt Geister (ital.)

davvero: wirklich (ital.)

del fratello di tuo papà: vom Bruder deines Vaters (ital.)

Fachmann/Fachfrau Betreuung: Kleinkindererzieher*in, Pädagog*in in einer Kindertagesstätte (schweiz.)

fanculo: fick dich (italienisches Schimpfwort)

in corpore: gemeinsam (latein.)

Massala Vadai: würzige Linsenkrapfen

migliori amici: beste Freunde (ital.)

Monsignore: Hochwürden (ital.)

numero uno: Nummer eins (ital.)

Sarbath-Sirup: Frucht- und Blütensirup

scherzo: Scherz, Witz (ital.)

scusa: Entschuldigung (ital.)

Sei sicuro?: Bist du sicher? (ital.)

Sek: Abkürzung für Sekundarstufe

sich etwas auf Halde holen: sich einen Vorrat anlegen

vero: echt, wahr (ital.)

wal wal wal: Lautmalerei in Tamil, auf Deutsch vergleichbar „wuff wuff wuff"

Michèle Minelli
Chaos im Kopf *ab 13*
Antonia – vierzehn-dreiviertel

ISBN 978-3-7026-5954-7, 220 Seiten

Auch als E-Book erhältlich unter
www.jungbrunnen.co.at

Schulabschluss und dann die Filmakademie. Das ist der Ausbildungsweg, den Antonia einschlagen muss, um zu ihrem Traumberuf zu kommen: Sie möchte Filmregisseurin werden. Das Einzige, was sie dafür brauchen würde, ist etwas Ordnung und Struktur. Aber statt sie zu unterstützen, macht Antonias Mutter Angi ihr das Leben schwer. Die hält weder etwas von Schulpflicht noch von einer geregelten Ausbildung. Sie selbst lügt sich ihr Leben zurecht, wie sie es gerade braucht, um ihren aktuellen Liebhaber zu beeindrucken. Ihren drei Töchtern macht sie klar, dass nichts über die tatsächliche Familiensituation nach außen dringen darf, weil sonst die Gefahr besteht, dass ihr die jüngste Tochter, Pippa, vom Jugendamt weggenommen wird. Antonia fühlt sich für alle verantwortlich und versucht, nichts außer Kontrolle geraten zu lassen – bis ihr die Dinge über den Kopf wachsen und sie plötzlich für ihr eigenes Leben keinen Weg mehr sieht.

Jugendliche trägt zu viel Verantwortung

Wolfgang wird von der Polizei in die geschlossene Jugendpsychiatrie gebracht. In seinen Gesprächen mit dem Psychologen entsteht langsam das Bild einer Familie, die vom tyrannischen Vater völlig beherrscht wird. Wolfgang hat immer versucht, seine Mutter und seine jüngere Schwester Leonie zu schützen. Aber die Mittel, mit denen der Vater seine Familie unterdrückt, werden zunehmend drastischer, bis er sie sogar mit seiner Armeewaffe bedroht. Eines Tages hält Leonie die Waffe in der Hand – und dann passiert etwas Schreckliches.

legaler Waffenbesitz – Gewalt in der Familie

Michèle Minelli
Passiert es heute?
Passiert es jetzt? *ab 13*

ISBN 978-3-7026-5927-1, 176 Seiten

Auch als E-Book erhältlich unter
www.jungbrunnen.co.at